ULISSES F. ARAÚJO

CB135451

A CONSTRUÇÃO DE ESCOLAS DEMOCRÁTICAS

HISTÓRIAS SOBRE COMPLEXIDADE, MUDANÇAS E RESISTÊNCIAS

CÓPIA NÃO AUTORIZADA É CRIME
ABDR
ASSOCIAÇÃO BRASILEIRA DE DIREITOS REPROGRÁFICOS
RESPEITE O DIREITO AUTORAL

Moderna

© ULISSES F. ARAÚJO 2002

Moderna

COORDENAÇÃO EDITORIAL	José Carlos de Castro
PREPARAÇÃO DE TEXTO	Renato da Rocha Carlos
COORDENAÇÃO DE PRODUÇÃO GRÁFICA	Fernando Dalto Degan
COORDENAÇÃO DE REVISÃO	Estevam Vieira Lédo Jr.
REVISÃO	Lumi Casa de Edição
COORDENAÇÃO DE ARTE	Wilson Gazzoni Agostinho
PROJETO GRÁFICO	Ana Maria Onofri
CAPA	Edimilson Carvalho Vieira Foto: Bruce Ayres/Stone-Getty Images
COORDENAÇÃO DE PESQUISA ICONOGRÁFICA	Vera Lucia da Silva Barrionuevo
PESQUISA ICONOGRÁFICA	Vera Lucia da Silva Barrionuevo As imagens identificadas com a sigla CID foram fornecidas pelo Centro de Informação e Documentação da Editora Moderna.
COORDENAÇÃO DE DIAGRAMAÇÃO	Edimilson Carvalho Vieira
DIAGRAMAÇÃO	Claudiner Corrêa Filho
COORDENAÇÃO DE TRATAMENTO DE IMAGENS	Silvio Pereira
TRATAMENTO DE IMAGENS	Ideraldo Araujo de Melo
SAÍDA DE FILMES	Helio P. de Souza Filho, Marcio Hideyuki Kamoto
COORDENAÇÃO DE PRODUÇÃO INDUSTRIAL	Wilson Aparecido Troque
IMPRESSÃO E ACABAMENTO	Gráfica Vida e Consciência

Dados Internacionais de Catalogação na Publicação (CIP)
(Câmara Brasileira do Livro, SP, Brasil)

Araújo, Ulisses F.
A construção de escolas democráticas : histórias sobre complexidade, mudanças e resistências / Ulisses F. Araújo. — São Paulo : Moderna, 2002. — (Educação em pauta)

Bibliografia.

1. Cidadania 2. Democratização do ensino 3. Educação – Filosofia 4. Educação – Finalidades e objetivos 5. Pedagogia 6. Sociologia educacional I. Título. II. Série.

02-4800 CDD-370.115

Índices para catálogo sistemático:
1. Democracia e educação 370.115
2. Educação e democracia 370.115

ISBN 85-16-03459-3

Reprodução proibida. Art.184 do Código Penal e Lei 9.610 de 19 de fevereiro de 1998.

Todos os direitos reservados

EDITORA MODERNA LTDA.
Rua Padre Adelino, 758 - Belenzinho
São Paulo - SP - Brasil - CEP 03303-904
Vendas e Atendimento: Tel. (0_ _11) 6090-1500
Fax (0_ _11) 6090-1501
www.moderna.com.br
2005
Impresso no Brasil

1 3 5 7 9 10 8 6 4 2

Sumário

1

Histórias sobre Complexidade e o Cotidiano Escolar

A complexidade do cotidiano escolar sempre me fascinou. A tentativa de compreender suas nuances e de decifrar os fatos, acontecimentos e relações no dia-a-dia de uma escola provocava, e ainda provoca, inquietações e conflitos que buscarei discutir e compartilhar neste livro. Partindo de estudos teóricos, relatos, experiências e histórias sobre os processos de transformação nessa área, espero contribuir com o debate junto aos que lutam pela construção de uma escola mais democrática.

Minha trajetória como investigador no campo da educação começou no início dos anos 90, e de maneira específica foi significativa uma experiência em 1992, quando, coletando os dados para minha dissertação de mestrado (Araújo, 1993), passei todo um ano escolar acompanhando de perto o cotidiano de uma sala de aula. Naquela oportunidade comecei a tomar consciência das limitações da maioria das teorias educacionais – de base psicológica e sociológica – que pretendiam explicar as inúmeras e múltiplas relações e fatos que caracterizam o cotidiano escolar, o dia-a-dia de uma sala de aula e de uma escola.

Meu objetivo era estudar as relações entre um ambiente escolar cooperativo e o desenvolvimento do juízo moral infantil, tendo como pressuposto a teoria de Jean Piaget (1932) e sua concepção de que a cooperação estabelecida entre crianças seria responsável pela construção, do ponto de vista do juízo moral, de sujeitos mais autônomos. Os resultados encontrados foram coerentes com tais pressupostos, e esse trabalho acadêmico teve boa repercussão (Araújo, U., 1993, 1996 e 2001).

No entanto, um aspecto daquela experiência sempre me incomodou. Embora metodologicamente tenha sido possível fazer um recorte do que vivenciei naquele ano – considerando para a pesquisa educacional somente os dados relativos aos objetivos do trabalho de investigação –, eu sabia que a realidade concreta do cotidiano escolar era muito mais complexa e rica do que os dados levantados na pesquisa e apresentados na dissertação e nos artigos escritos.

Na perspectiva desses modelos tradicionais de investigação, podemos estabelecer e estudar as relações entre diferentes variáveis. Por exemplo, a relação entre a cooperação e o desenvolvimento moral infantil, ou entre a forma de trabalhar os conteúdos na sala de aula e a construção de estruturas mentais lógico-matemáticas. Ou, ainda, estudar as possíveis relações entre a origem socioeconômica das crianças e seu desempenho escolar. Algumas questões, no entanto, continuam incomodando.

Será que promovendo esse tipo de investigação, fragmentada e parcial, é possível compreender a realidade psicológica e/ou social da natureza humana? Em outras palavras, será que compartimentalizando a realidade concreta, estudando um aspecto de cada vez, aos poucos se pode ter uma compreensão do todo e encontrar respostas coerentes para a complexidade da natureza humana e suas relações com o mundo?

Tal maneira de aproximar-se da realidade e de buscar respostas para perguntas que permeiam o cotidiano escolar vem sendo questionada há muito pelos novos paradigmas das ciências, com reflexos claros no campo da educação. Embora esses novos caminhos possam parecer óbvios para muita gente que deles já se aproximou, acredito que a grande maioria dos profissionais que trabalham na educação ainda pensa que *esquartejando* a realidade, buscando compreender suas *partes*, se alcançará a visão da totalidade, se terá a noção de completude. Percebo, aliás, que muita gente que já aceita as limitações do modelo clássico o faz apenas no discurso, mantendo uma prática profissional absolutamente calcada na fragmentação do conhecimento. Isso tanto nas escolas quanto nas universidades. Revela-se aqui a força de uma concepção científica que fundamenta a cultura ocidental e que, de fato, é muito difícil de romper.

Sem aprofundar muito a discussão neste momento, entendo que boa parte da prática escolar esteja calcada nessa visão de conhecimento e de modelo de ciência. Problemas de indisciplina, de aprendizagem, de relações interpessoais em geral são compreendidos de forma compartimentalizada, expressos por meio de disjuntivos como *ora* e *ou*. Assim, *ora* a causa de tais fatos está na família, *ora* está nas estruturas políticas e/ou sociais. Em determinadas situações a culpa dos problemas é atribuída aos alunos, *ou* então aos professores, *ou* aos órgãos que coordenam as políticas educacionais. Se falamos de conteúdos, tanto no ensino fundamental como no superior, as concepções de currículo são fragmentadas também. Cada momento é para se aprender uma parte dos conteúdos da natureza, da ciência e da cultura: tem-se aula de matemática; em seguida, aula de língua portuguesa; depois aula de história; e assim por diante. A compreensão da totalidade e da relação entre todos os conteúdos estudados é de responsabilidade dos alunos e das alunas.

Uma forma de romper com esse modelo é a aproximação ao conceito de pensamento complexo e de visões sistêmicas sobre a natureza humana e suas relações com o mundo. É sobre isso que trataremos a seguir.

O pensamento complexo

Para apresentar a idéia de complexidade tenho como referência o trabalho de Edgar Morin (1997). Esse autor critica o pressuposto que dominou o chamado *método científico* por muito tempo, de tentar dominar e controlar a realidade por meio do pensamento simples, ou simplificador. Esse tipo de pensamento, para ele, desintegra a complexidade do real, mutila, reduz, cega e trata de maneira unidimensional a realidade. O "paradigma de simplificação", que controla o pensamento ocidental desde o século XVII, tem origem nas idéias de Descartes e, de acordo com Morin, seus princípios são a *disjunção*, a *redução* e a *abstração* (p. 29).

Tal *disjunção* separou o conhecimento científico e a reflexão filosófica, provocando, entre outras conseqüências, a separação dos três grandes campos do conhecimento: a física, a biologia e as ciências do ser humano[1]. Para remediar a disjunção, realizou-se outra simplificação: a *redução* do complexo ao simples. O ideal do pensamento científico passou a ser descobrir uma ordem perfeita por trás da complexidade aparente dos fenômenos. O universo passou a ser visto como uma máquina, feita de microelementos (átomos) reunidos em objetos e sistemas. Com o intuito de estudá-lo de maneira rigorosa, promoveu-se sua *abstração*, por meio da matematização e da formalização da ciência, o que a separou ainda mais dos seres e da realidade do mundo. Tal abstração feita pelo pensamento simplificante não permite a conjunção do único e do múltiplo, o que a leva a anular a diversidade.

O pensamento capaz de superar o desafio da complexidade, por sua vez, é aquele capaz de tratar, de dialogar, de negociar

1 Tradicionalmente chamadas de *ciências do homem*. Neste texto tentaremos evitar essa visão sexista (que parece excluir o universo feminino) empregando o termo *ser humano*.

com o real (p. 22). Existem, porém, duas ilusões que impedem a compreensão do pensamento complexo e precisam ser dissipadas:

a) crer que a complexidade conduz à eliminação da simplicidade;
b) confundir complexidade com completude.

De acordo com Morin (p. 23), enquanto o pensamento simplificador desintegra a complexidade do real, o pensamento complexo integra, o mais possível, os modos simplificados de pensar. Por outro lado, esse pensamento complexo aspira ao conhecimento multidimensional e sabe, desde sempre, que o conhecimento completo é impossível. Assim, os princípios de incompletude e de incerteza estão por trás do pensamento complexo.

Afinal, o que seria a complexidade? De acordo com Morin, trata-se de um fenômeno quantitativo, ou melhor, um fenômeno que possui uma quantidade extrema de interações e interferências entre um número muito grande de unidades. Compreende, porém, não só grandes quantidades de interações e unidades que desafiam nossas possibilidades de cálculo, mas também incertezas, indeterminações e fenômenos aleatórios. Para ele,

> *à primeira vista a complexidade é um tecido* (complexus: *o que está tecido em conjunto) de constituintes heterogêneos inseparavelmente associados: apresenta o paradoxo do único e do múltiplo. Ao olhar com mais atenção, a complexidade é, efetivamente, o tecido de eventos, ações, interações, retroalimentações, determinações, acasos, que constituem nosso mundo fenomênico. Assim, a complexidade se apresenta com as características inquietantes do enredado, do intrincado, da desordem, da ambigüidade, da incerteza. Daí a necessidade, para o conhecimento, de colocar em ordem os fenômenos rechaçando a desordem, de descartar o incerto, isto é, de selecionar os elementos de ordem e de certeza, de acabar com a ambigüidade, clarificar, distinguir, hierarquizar... (p. 32).*

O objetivo de Morin com essa definição é sensibilizar para as enormes carências do pensamento simplificante, entendendo que um pensamento mutilante conduz a ações mutilantes; que deixar de perceber a complexidade dos fatos e relações nos conduz a uma visão distorcida da realidade.

Concluindo, ele afirma que se faz necessário, para o pensamento complexo,

> *substituir o paradigma de disjunção/redução/unidimensionalização por um paradigma de distinção/conjunção que permita distinguir sem desarticular, associar sem identificar ou reduzir. Este paradigma comportaria um princípio dialógico e translógico, que integraria a lógica clássica tendo em conta seus limites de* facto *(problemas de contradições) e de* jure *(limites do formalismo)... (p. 34).*

Pode-se entender que a complexidade incorpora em seu princípio uma forma dialética de compreender as oposições entre unidade e diversidade, acaso e necessidade, quantidade e qualidade, sujeito e objeto e, também, entre holismo e reducionismo. Assim, essa nova forma de ver a ciência, a natureza humana e suas relações com o mundo e com a cultura não privilegia o objeto ou o sujeito. Não deixa de promover a redução para buscar o holismo, pois isso faria da complexidade uma forma dicotômica de ver a realidade. Ela busca uma forma de unidade complexa. Para Morin, por exemplo, quanto mais se busca a totalidade mais se encontra o vazio. Para ele, a redução (a busca de unidades elementares simples, a decomposição de um sistema em seus elementos, a origem do complexo no simples) é um caráter essencial do espírito científico, mas complementário do pensamento global, de maneira dialética.

Esse modelo de epistemologia e de ciência traz novas aportações, que possibilitam ver as relações humanas de uma maneira totalmente diferente de como a ciência clássica as tem visto. Sem prosseguir neste momento com a discussão epistemológica e científica desenvolvida por Morin, por não ser este meu objetivo concreto, passo a discutir o que essa *nova ciência* pode significar para as pesquisas educacionais e para a forma de olhar a instituição escolar e toda a teia de complexidade ali presente.

Para terminar este item e complementar as idéias discutidas, gostaria de citar Najmanovich (2001):

> Não devemos confundir o sujeito com a subjetividade. Esta é a forma peculiar que adota o vínculo humano-mundo em cada um de nós, é o espaço de liberdade e criatividade, o espaço da ética. Mas o sujeito não é somente onde se assenta a subjetividade, senão uma organização complexa capaz também de objetivar, quer dizer, de se compor, de estabelecer acordos no seio da comunidade, de produzir um imaginário comum e, portanto, de construir sua realidade. O que os positivistas chamavam "o mundo objetivo" é para as ciências da complexidade uma realidade construída a partir de um imaginário social compartilhado por sujeitos que são parte indissociável desse mundo. O mundo em que vivemos é um mundo humano, mundo simbólico, mundo construído em nossa interação com o real, com o que está fora da linguagem, com o mistério que opõe resistência às nossas criações e ao mesmo tempo é a condição de suas possibilidades. (p. 94)

Com tais palavras, gostaria de evidenciar para o leitor o sentido de alguns termos que empregaremos muitas vezes neste livro, relacionados à *realidade* e à *objetividade*. Dentro da idéia de pensamento complexo, tais expressões possuem sentido próprio, bem definidos acima.

O pensamento complexo e o cotidiano escolar

A partir das idéias apresentadas no item anterior, fica a impressão de que qualquer tentativa efetiva de conhecer a realidade escolar deve basear-se nos pressupostos da complexidade, desconfiando das tentativas de simplificação.

Como compreender a partir do pensamento simplificante os distintos fenômenos que permeiam o cotidiano escolar? Aparecem em minha memória determinados encontros com professores em que, questionando a causa de um comportamento indisciplinado de um aluno, alguém sempre aparecia com uma resposta "mágica": *ele está assim porque os pais dele estão se separando*. Outro colega, então, interferia e afirmava que *na verdade ele se comporta dessa maneira porque não gosta da escola*. Independentemente de esses fatores poderem ter influenciado as atitudes daquela criança, será que problemas como os de comportamento deveriam ser reduzidos a causas únicas? Aqui estavam se manifestando os princípios de disjunção e redução do pensamento simples.

Proponho que façamos um exercício de raciocínio pensando nos fatos e nas relações presentes no cotidiano de qualquer escola; um exercício de pintar um quadro cotidiano de uma escola. Esse quadro, porém, não será unidimensional nem estático. Ele deverá ser virtual, multidimensional e dinâmico, prevendo a articulação entre várias cenas, muitas vezes justapostas.

Em primeiro lugar, vamos pensar em um canto desse quadro: a sala de aula. Nela existe um ou mais professores, com formações diferentes, com distintas maneiras de ver a vida e a escola; trazem sua própria bagagem histórica pessoal, cultural e familiar; possuem personalidades individuais, com seus sentimentos e desejos; dominam um determinado conteúdo que lhes cabe ensinar. Sem prosseguir com mais detalhes, ou variáveis – pois são infinitas –, esse(s) ser(es) humano(s) divide(m) o espaço da sala de aula com vinte a quarenta alunos e alunas que, por sua vez, também têm sua forma de ver a vida e a escola; trazem sua própria bagagem histórica pessoal, cultural e familiar; possuem personalidades individuais, com sentimentos e desejos específicos; e dominam determinados conteúdos, que não são necessariamente os mesmos de seus professores ou colegas.

A partir dessa primeira imagem, pensemos em todas as relações que podem ocorrer nesse espaço durante um dia de aulas... e durante um ano; e todas as variações contextuais que podem intervir nessas relações, dependendo, por exemplo, dos estados de ânimo de um ou mais dos personagens, de suas personalidades, de seus valores, políticas educacionais etc.

O quadro, porém, não está pronto. A sala de aula, se assim o quisermos, poderá ser vista como fim em si mesma e ser compreendida como um espaço fechado, de onde podemos retirar muitos elementos para estudo e de onde podemos promover nossa conceituação sobre o que é a escola. Acontece que, ao mesmo tempo que ela pode ser percebida como um *sistema* fechado, ela também é aberta, pois se encontra em relação direta com outros *sistemas de relações*: as demais salas de aula, com seus alunos e alunas, professores e professoras; a direção, com todo o corpo de assessoria pedagógica; a administração, com seus funcionários e seus conteúdos de natureza técnica/burocrática; e os serviços, compreendendo as relações com o pessoal de limpeza, de alimentação e de infra-estrutura. Isso para não falar dos agentes externos que influenciam diretamente aquele espaço: as secretarias de educação, as políticas públicas de educação, as famílias e, por que não?, a mídia.

Aquele universo infinito de relações possíveis da sala de aula agora se multiplicou exponencialmente, e o quadro vai tornando-se muito mais complexo.

Seguindo a execução desse esboço, podemos pensar também na hora do *recreio*, outro momento rico de relações, de natureza muito diversa da que se percebe nas relações em sala de aula, mas que apresentam também infinitas possibilidades de articulação. Pensemos na complexidade característica de cada ser humano, interagindo agora não com quarenta pessoas, mas com quinhentas, com mil pessoas, em um contexto bem diverso, mais livre, meio caótico, mas com regras próprias.

Esta parte do quadro que estamos pintando é bem diferente da parte anterior, e as incertezas e os fenômenos aleatórios que permeiam esse espaço/tempo fazem que as relações e os fatos que ocorrem nesse momento da vida escolar sejam imprevisíveis. Uma criança se machuca, outra lê uma poesia para os colegas, enquanto um grupinho joga com tazos. De repente se escuta um grito de pavor de uma criança que viu um rato entrando na cozinha, e isso acaba chamando a atenção de docentes, estudantes e funcionários. Enfim, poderíamos passar páginas e páginas descrevendo possíveis cenas de um cotidiano escolar e as relações no horário de um recreio. Acho, porém, que já deu para o leitor ou leitora perceber a complexidade que tento explicitar e as características de incerteza e de acaso que também caracterizam o momento do *recreio*.

Ou seja, todas aquelas múltiplas relações que descrevemos na sala de aula, se estendidas às interações possíveis com os demais sistemas que compõem o universo escolar, formam um quadro quantitativamente assombroso de variáveis e de possibilidades de comportamentos e ações. É importante lembrar, também, que essas relações não são mecânicas, objetivas. Aspectos subjetivos como os sentimentos e emoções, as relações de poder, a cultura, as relações socioeconômicas etc. encontram-se presentes nas relações interindividuais e de grupo, enriquecendo-as e tornando esse ambiente ainda mais complexo. Enfim, o quadro descrito não cabe em uma tela a ser colocada unidimensionalmente na parede. Ele é multidimensional.

Volto, então, ao pensamento simplificante descrito por Morin, visto por muitos como natural diante da necessidade de controlar e dominar a realidade que nos acerca e motivado por interesses muitas vezes legítimos, conscientes ou inconscientes, de promover uma educação de qualidade. Se a origem desse modelo é cartesiana[2] e encontra-se no século XVII, sua presença é explícita ainda nos dias atuais nas tentativas de explicar a escola.

Comecemos por ver a *disjunção*, ou a separação entre corpo e mente e entre as distintas disciplinas estudadas na escola. As instituições escolares, de maneira geral, dividem seu tempo e seu espaço em dois: um dedicado à mente, ou à aprendizagem dos conteúdos, quando se exige o controle do corpo; e outro dedicado ao corpo, em aulas de educação física ou nos momentos de *recreio*, quando é permitido o movimento e a ação corporal.

O controle do corpo, percebido como essencial para não atrapalhar o funcionamento da mente, já foi analisado por muitos autores, como Foucault (1977) em *Vigiar e punir* e Freire (1989) em *Educação de corpo inteiro*. Sua face mais visível é a separação das carteiras na sala de aula, colocadas em fila e espaçadas entre

2 Existe uma ampla bibliografia sobre a influência de Descartes e Newton na origem do método científico e na forma do pensamento ocidental. Sugerimos ao leitor interessado obras como *O sujeito encarnado* (Najmanovich, 2001) e *Novos paradigmas, cultura e subjetividade* (Schnitman, 1998).

si; e a obrigação de comportamentos rígidos, em que o movimento é visto como inadequado para a boa aprendizagem.

Por outro lado, os conteúdos a estudar também são separados, ou fragmentados. O tempo e o espaço das atividades são divididos para que os distintos campos da ciência e das relações humanas com a natureza e a cultura possam ser ensinados. Cada momento do dia se destina ao trabalho de um conteúdo específico. Assim, por exemplo, a primeira aula é de história e ocorre em um tempo *X* e em um espaço *Y*; a segunda é de matemática; a terceira é de língua portuguesa; depois vem a educação física, seguida de aulas sobre as várias ciências; e assim por diante. Mais interessante é que, para atender a tal modelo de organização, promoveu-se a especialização de professores e outros profissionais. Cada um tem sua função específica, e as universidades foram estruturadas para atender à formação dos especialistas requeridos pela escola.

Esse é um modelo de escola coerente com a disjunção do objeto de conhecimento propiciado pelo pensamento cartesiano. Ele segue paralelo à necessidade de *redução* do complexo ao simples. Dessa maneira, a separação, em partes fragmentadas da realidade a ser conhecida, atende também ao objetivo reducionista de dividir a realidade em partes mais simples para então, posteriormente, se ter a visão do todo. É o reducionismo cartesiano representado pela metáfora da máquina, do relógio, que acredita que se estudarmos e compreendermos todas as pequenas partes que formam a máquina, e como se unem para formar as peças maiores, poderemos dominá-la e compreendê-la.

Tal modelo representa um paradigma, como já discutimos, presente em todas as áreas do conhecimento. Na Física buscava-se conhecer o átomo, microelemento que permitiria a composição dos objetos e, em última instância, *da própria realidade*. Na Medicina, até os dias atuais, muitos cientistas procuram conhecer os genes, acreditando que o conhecimento desse microelemento tornará possível compreender como se constitui o ser humano, inclusive sua personalidade. A história muitas vezes foi estudada de maneira fragmentada, e historiadores dedicavam-se a estabelecer relações causais entre os fatos, afirmando, por exemplo, que a família real veio para o Brasil porque estava com pendências com a França napoleônica. Em todos os demais campos da ciência podemos encontrar exemplos como esses.

Esse paradigma de ciência continua refletido na educação formal. Parte-se do pressuposto de que as partes já são conhecidas (as disciplinas). Sua articulação em unidades seriadas anuais vai compondo o processo de constituição dos sujeitos da educação que, ao final de sua escolarização, estarão prontos para enfrentar a vida pessoal e profissional. As *grades* curriculares são estruturadas de modo que dêem visualidade ao todo educativo, aparecendo nela, em seus diversos quadros, os conteúdos a serem trabalhados de forma fragmentada.

O reflexo dessa maneira reducionista de pensar está presente em diversas outras maneiras de analisar o cotidiano escolar. Tem-se a tendência de simplificar todas as explicações para as questões ali presentes, exatamente por ser esta a forma aprendida que devemos utilizar para nos aproximarmos da realidade. Diante de qualquer problema, em geral recorre-se à análise de somente um fator, atribuindo-lhe um papel de causalidade que acaba por distorcer a realidade.

Em reuniões de cunho pedagógico de que costumo participar, quando surgem os problemas do cotidiano escolar observamos que as causas e soluções apontadas são, geralmente, coerentes com esse modelo paradigmático. Peguemos novamente, como exemplo, a indisciplina. Sua análise costuma centrar-se em uma parte do problema: o comportamento do aluno ou da aluna. A partir daí, buscam-se explicações externas à escola: na história familiar ou na personalidade do aluno. As soluções, em geral, são "mágicas": chamar a família para conversar ou para resolver o problema; aumentar os instrumentos autoritários nas mãos dos professores; mandar o aluno para a diretoria e deixar para a direção resolver; expulsá-lo da escola.

Podemos pensar, também, nos problemas de aprendizagem, quando um determinado aluno apresenta dificuldades com o conteúdo escolar. Novamente, em geral, o problema é atribuído a uma das partes: ao estudante. As causas são apresentadas de maneira dicotomizada: problemas psíquicos ou de natureza cognitiva; ou falta de vontade pessoal. As soluções passam pelo encaminhamento psicopedagógico, aulas de reforço, ou até mesmo se esquece o caso por considerar que o aluno ou aluna, muitas vezes, não tem mais recuperação.

Esse tipo de leitura parcial da realidade funciona para acalmar as angústias e ansiedades quando necessitamos enfrentar situações complexas. Diante da impotência sentida ao vivenciar problemas como o de indisciplina, de alunos que não aprendem e mesmo sobre como deveria ser a organização dos conteúdos educativos, a tendência é analisar um ou dois aspectos relacionados ao fato concreto e generalizar, pensando que com isto entendemos a realidade complexa. Em geral, tais soluções mostram-se paliativas, e em um curto espaço de tempo o problema volta às nossas mãos.

Por fim, de acordo com as características do pensamento simplificante, para melhor compreender todos os fenômenos do cotidiano, promove-se sua *abstração,* em duas vertentes distintas: formalizando o conteúdo e afastando-se do objeto de estudo.

No caso das disciplinas escolares, fica nítido o caminho encontrado de formalização da realidade, refletido na maneira com que são trabalhados os conteúdos. Como conhecer a história, a geografia, as diversas ciências, as matemáticas e as diversas formas de linguagem? De forma abstrata.

Autores partem de dados concretos da realidade e buscam a melhor maneira de formalizá-los para que possam ser impressos nos livros. Professores recorrem a esses materiais e os apresentam aos alunos de um modo distanciado da realidade concreta. Com isso, em geral, a preocupação docente passa a ser ensinar a realidade abstratamente e cobrar nos exames a aprendizagem dos conteúdos abstratos. Daí, aliás, a necessidade de controlar os corpos para que a mente possa estar liberada para "conhecer o mundo".

Assim, a história torna-se uma mera formalização de datas e fatos; conhecemos todo o planeta por meio de mapas, e a realidade socioeconômica e cultural por meio de textos; a estrutura da matéria, do corpo e dos movimentos físicos é estudada a partir de fórmulas e imagens gráficas; a realidade matemática que vivemos em nosso cotidiano, a todo momento, é transformada em fórmulas e em determinados padrões de representação gráfica; a língua é dissecada em fórmulas gramaticais que devem ser memorizadas pelos alunos. E por aí poderíamos seguir, apresentando infinitos exemplos de como se dá essa formalização no ensino dos conteúdos disciplinares.

Outro aspecto da formalização do conhecimento, que tanto simplifica a realidade, é que ela separa o sujeito do objeto de conhecimento. Sentados em carteiras individuais, dentro de espaços artificiais criados para promover a aprendizagem formal e, de preferência, sem poder dialogar com os demais colegas, criam-se situações que deslocam os alunos e as alunas do mundo concreto em que vivem. Em última instância, da realidade complexa do universo.

O objeto formalizado a ser conhecido não é o do dia-a-dia. As vidas animal e vegetal do local em que os estudantes vivem, a geografia da comunidade a que eles pertencem, as brincadeiras e os jogos infantis, a matemática e as diversas formas de comunicação do cotidiano não são inseridos nos conteúdos escolares, a não ser que, casualmente, tenham sido formalizados nos livros. Isso para não falar de outros objetos de conhecimento que são considerados não-relevantes pela escola mas permeiam o cotidiano das pessoas, como os sentimentos e emoções, a ética, as diversas formas de resolução de conflitos interpessoais etc. Ou seja, além da formalização do conhecimento o pensamento simplificante promoveu o distanciamento dos sujeitos de sua realidade, e isso faz que a educação formal se desconecte dos interesses e desejos dos alunos e alunas.

Mais sério ainda, em minha opinião, esse distanciamento propicia o afastamento de alunos e professores no processo educativo. O aluno deixa de ser considerado um ser complexo, que possui uma história de vida, que traz conhecimentos específicos, desejos e emoções, e passa a ser conhecido como a pessoa que aprende ou não o conteúdo; que faz isto ou aquilo na sala de aula. Muitas vezes, passa a ser tratado como um número em algumas escolas. É considerado normal que professores não saibam nada da vida de seus alunos, o que pensam, o que sentem, como vêem a escola etc. É a abstração levada à dimensão das relações humanas.

Em suma, pode-se perceber que a educação atual está alicerçada em uma forma simples de compreensão da realidade, pautada em princípios de disjunção, redução e abstração. Se tal modelo funcionou a contento durante os séculos passados, os avanços sociais e científicos começam a demonstrar que ele encontrou seus limites de explicação da realidade e torna-se premente a busca por novas maneiras de relação com o mundo interior e exterior.

Estamos em um momento de transição de paradigmas que solicita uma maior abertura por parte dos que lidam com a ciência e a educação. A forma simplificante de pensar e analisar a realidade já não satisfaz às necessidades da ciência e da educação, e a forma complexa de ver o mundo é um dos caminhos que devem ser considerados neste momento de transição.

Essa abertura a novos paradigmas permite que educadores e pesquisadores da área de educação se debrucem com um olhar diferente, não-reducionista, sobre a escola e as relações que ali ocorrem. Quando se muda a maneira de encarar a escola, adotando o pensamento complexo, tem-se outra perspectiva dos fenômenos. A maior dificuldade de professores e profissionais da educação está em fazer a mudança na maneira de pensar. Uma vez feito isto, não é que os novos caminhos que se descortinam sejam mais fáceis – o que seria contraditório à complexidade –, mas se percebem outras dimensões da realidade.

Pensar os fenômenos da escola de forma complexa, porém, não significa abandonar a visão parcial dos fatos. Como explicitamos anteriormente nas idéias de Edgar Morin, deixar o pensamento reducionista não é pensar de maneira holista, tentando captar a totalidade dos fenômenos, pois isto manteria a visão dicotômica da realidade. O grande avanço do pensamento complexo é coordenar, em uma mesma perspectiva, os aspectos parciais e de totalidade da realidade. É o princípio de unidade complexa.

Em outras palavras, voltando a alguns dos exemplos que apresentamos anteriormente, observar a questão complexa da indisciplina não é negar que o problema seja o comportamento do aluno e buscar explicações externas à escola: na história familiar *ou* na personalidade desse aluno. Nem tampouco se trata de tentar soluções como chamar a família para conversar *ou* para resolver o problema; *ou* aumentar os instrumentos autoritários nas mãos dos professores; *ou* mandar o aluno para a diretoria e deixar para a direção resolver; *ou* expulsá-lo.

A novidade no pensamento complexo está em tirar o disjuntivo "ou" do pensamento sobre os fenômenos e perceber que todos os fatores levantados, e outros ainda não considerados, podem ter influência no problema analisado. Ou seja, a novidade está em pensar que o problema da indisciplina se encontra no comportamento do aluno mas também pode se encontrar na aula desorganizada. Considera-se, aqui, que pode haver múltiplas causas, externas e internas à escola, que concorrem simultaneamente para que a indisciplina ocorra, como a história familiar, a personalidade do aluno e uma baixa auto-estima, o autoritarismo do professor, a aula chata com conteúdo desinteressante, e valores anti-sociais permeando as relações na sala de aula. Quando se analisa a situação nessa perspectiva, percebe-se que não é possível buscar soluções mágicas para o fenômeno, pois ele é multidimensional. As soluções passam por processos mais longos, em que as distintas causas e possibilidades vão sendo enfrentadas ao mesmo tempo de maneira parcial e com a visão complexa de totalidade.

Prosseguindo no exemplo, ao perceber que a baixa autoestima de determinado aluno influencia seu comportamento, o professor procura desenvolver ações em que esse aluno se sinta valorizado pelo grupo e/ou pela escola. Está consciente, porém, de que somente isso não resolverá o problema de comportamento, pois suas causas são multidimensionais. Descobre, por exemplo, que o comportamento desse aluno se torna anti-social quando ele, professor, grita com a turma; e pode começar a tentar controlar sua maneira de falar. Ao mesmo tempo, toma consciência de que suas aulas estão muito repetitivas e desorganizadas e de que isso provoca um clima de bagunça na sala; e tenta organizar melhor as aulas. Mas considera também que aquela turma, especificamente, possui alguns estudantes que agridem os colegas. Busca então, por meio de assembléias de classe[3], por exemplo, que os problemas de relações entre alunos sejam discutidos e trabalhados.

Como pode ser observado, ver a indisciplina na escola com o olhar da complexidade pressupõe acercar-se da realidade de uma maneira multimensional, percebendo os diversos fatores e causas que concorrem para o fenômeno e buscando maneiras de enfrentá-los processualmente, com ações organizadas e planejadas. Isto, no entanto, não significa que essa multidimensionalidade de fatores deva ser tratada de forma mecânica, justapondo as diversas causas e soluções. Precisam ser consideradas as conexões e inter-relações entre os diversos fatores, pois daí podem surgir novos elementos para a compreensão do fenômeno.

Com essas considerações, surge a necessidade de apontar outras características do pensamento complexo que complementam essa maneira de ver a vida. Estou me referindo aos princípios de incerteza e de acaso.

Assim, se o professor tem consciência da infinidade de fatores que influenciam os comportamentos em sala de aula e procura atuar de maneira organizada e planejada, ele deve também

3 O trabalho com assembléias será mais bem explicitado nos capítulos seguintes deste livro.

estar consciente de que fatores que fogem a seu controle ou que ainda não havia percebido podem surgir de maneira casual e modificar o comportamento de determinado aluno ou aluna. Isto se vincula ao princípio de incerteza que permeia a complexidade das relações escolares.

Para não ficar somente no discurso formal, posso exemplificar esse fato com uma experiência ocorrida com Débora[4], uma aluna de classe especial que foi *incluída* em classe regular. É evidente que, por inúmeras razões, essa criança possuía uma baixa auto-estima de si. Em uma assembléia de classe dessa turma, uma coleguinha sugeriu que se felicitasse a aluna Débora por estar naquela turma naquele ano. A partir daquele dia essa menina, que tinha uma história de vida muito estigmatizada, passou a se relacionar com a turma e consigo mesma de um modo diferente, por sentir-se aceita pelo grupo. O que quero demonstrar com esse exemplo simples é como um fato casual, ocorrido a partir dos sentimentos de uma criança e absolutamente não previsto pela professora e por ninguém, pode contribuir para mudar uma história de vida.

Esse é o princípio da incerteza, que permeia a complexidade das relações humanas e para o qual devemos estar sempre abertos. Esse princípio, que é real, contradiz totalmente as idéias deterministas e simplificadoras que geralmente dominam os discursos escolares e servem para estigmatizar determinados alunos. Romper com o determinismo em nosso pensamento, com a certeza sobre o futuro, possibilita abrir-se para perceber que a incerteza da realidade pode originar novos caminhos e novos desafios para nossas relações pessoais e profissionais.

4 Nome fictício.

Adotar a incerteza como princípio causa insegurança de imediato, mas aí está um dos grandes avanços que o pensamento complexo possibilita. A falsa idéia que temos de poder predizer o futuro a partir da análise do passado e do presente gera uma segurança que nos tranqüiliza momentaneamente, mesmo contra todos os indícios de que não temos controle sobre a realidade. Se por um lado isso nos dá tranqüilidade, por outro a certeza sobre o futuro impede de nos abrirmos para novas e enriquecedoras experiências.

Concluindo este capítulo, quero dizer que tive uma dupla intenção ao abordar o tema do pensamento complexo. Em primeiro lugar, salientar a necessidade de tomarmos consciência da limitação que o *paradigma cartesiano* apresenta para a compreensão dos aspectos multidimensionais que caracterizam as relações nas sociedades hipercomplexas como as que vivemos, evitando a utilização reducionista, disjuntiva e abstrata do pensamento simplificador. Compreender a realidade para atuar no complexo universo escolar pressupõe a adoção de novas formas de analisá-la, baseada nos novos paradigmas epistemológicos e científicos que começam a surgir no campo da educação.

Em segundo lugar, decidi começar este trabalho abordando a idéia de *complexidade* porque ela subsidiará as discussões dos capítulos posteriores. Em muitos momentos deste livro o *pensamento complexo* será o pano de fundo sobre o qual se assentarão algumas idéias que parecerão fragmentárias no discurso. Buscaremos, porém, lembrar ao leitor ou leitora que o fato de abordarmos de maneira parcial um determinado aspecto da realidade pode ser coerente com o modelo de complexidade aqui discutido.

2

Democracia, Cidadania e Educação

Neste capítulo abordarei os temas da democracia e da cidadania, discutindo brevemente alguns de seus significados e apresentando, na seqüência, uma maneira de conceber a inserção da questão democrática no universo escolar.

À palavra *democracia*, de origem grega, sempre foram atribuídos inúmeros significados e sentidos. Aliás, é impressionante como no transcorrer da história esse termo foi empregado para justificar as mais variadas formas de governo e de organização das relações entre as pessoas. Praticamente quase todos os governos (e pessoas) se intitulavam, ou se intitulam, democráticos, conferindo a essa palavra um poder mutante só comparável ao de algumas cepas de vírus, que se adaptam ao contexto com extrema facilidade e agilidade. O sistema de governo norte-americano, o socialismo da antiga União Soviética, o modelo de estado nazista de Hitler, o fascismo de Mussolini na Itália, o regime imposto por Franco na Espanha, o regime militar que governou o Brasil de 1964 a 1980 e o que temos nos dias atuais, todos de alguma maneira se intitularam estados democráticos. A palavra *democracia*, enfim, parece permitir que qualquer forma de governo seja concebida como democrática, dependendo da definição que lhe seja dada e das intenções do governante.

Fazendo um primeiro paralelo com o campo educacional, é impressionante como em sua maioria as escolas e os professores e professoras se intitulam democráticos, sem se preocupar com a base conceitual e prática sobre a qual elaboraram tal autoconceito.

O Dicionário de Aurélio Buarque de Holanda define *democracia* como "*1. Governo do povo; soberania popular. 2. Doutrina ou regime político baseado nos princípios da soberania popular e da distribuição eqüitativa do poder, ou seja, regime de governo que se caracteriza, em essência, pela liberdade do ato eleitoral, pela divisão dos poderes e pelo controle da autoridade, i.e., dos poderes de decisão e de execução...*" Em sua origem na Grécia clássica, o termo era compreendido como "governo do povo" ou "governo da maioria". Surgiu da preocupação de encontrar a melhor forma de governo ou a melhor forma para regular a convivência entre os cidadãos e a vida na *polis* (cidade).

Em contraposição ao modelo aristocrático de poder, a democracia se instituiu quando a vida das pessoas passou a girar em torno das cidades-estado. No modelo da democracia grega o cidadão deveria participar coletiva e diretamente da vida pública e das decisões políticas.

Existem, porém, algumas peculiaridades nesse modelo: mulheres, escravos e estrangeiros não tinham direito à cidadania, portanto à participação na vida política da cidade, direito exclusivo dos homens livres. Outra questão relevante que teve, e tem ainda hoje, reflexos na concepção de democracia foi a idéia aristotélica de que a melhor maneira de organizar a vida coletiva seria misturando democracia, enquanto governo da maioria, e aristocracia, enquanto governo dos melhores, dos mais bem preparados para gerir os negócios da coletividade (ver Rosenfield, 1984).

Essas duas características da democracia grega, em minha opinião, permitiram que alguns sistemas de governo, como os autoritários citados anteriormente, se intitulassem democráticos, justificando tanto a negação dos direitos de cidadania a parcelas da população quanto a usurpação do poder por parte de grupos que se consideram mais bem preparados para exercer o poder em nome da população.

Voltando brevemente à história, com a conquista romana das cidades-estado gregas, os regimes absolutistas e aristocráticos voltaram a prevalecer em todo o mundo antigo, até a Idade Média. Com a Revolução Francesa (1789), impulsionada pelo desejo da burguesia de participar da vida política, ressurgiu o princípio de uma "forma de governo" em que todas as pessoas deveriam participar. Apareceu a idéia da cidadania, atrelada à de democracia direta, em que os governantes deveriam se submeter à soberania popular. Esse princípio, com inúmeras variações, passou a ser almejado pelas sociedades modernas, a partir dos ideais de igualdade e de liberdade.

Variando de sociedade para sociedade, a democracia passou a ser objetivada pelas mais distintas culturas e vem caminhando lentamente em direção à constituição de formas de governo mais justas, buscando a regulação da convivência humana em suas dimensões econômica, política, social, jurídica e interpessoal. Essa variação pode se dar, por exemplo, quanto à forma: a) democracia *direta*, em que o poder é exercido diretamente pelos cidadãos, por meio de conselhos, plebiscitos etc.; e b) democracia *indireta* ou *representativa*, em que o poder é exercido por representantes eleitos pelo povo.

A busca democrática da justiça deve, também, caminhar sob dois aspectos diferentes, mas complementares, de acordo com Bobbio (1986): a) o aspecto *formal*, representado pelas diferentes maneiras de organizar o funcionamento democrático, como a questão do voto, da constituição jurídica, dos partidos etc.; e b) o aspecto *substancial*, constituído pelos fins do regime democrático, representados pelo direito à vida, à educação, à saúde, à moradia e outros.

Complementando essas idéias, ao falar da ordem democrática, Dallari (1998, p. 19) afirma que

> todos os seres humanos necessitam da convivência e esta, por sua vez, traz a necessidade de regras de organização e comportamento, para que haja harmonia e solidariedade em benefício de todos. Não basta, porém, a simples existência de regras, as quais, teoricamente, poderiam ser fixadas por uma pessoa ou um grupo social e impostas à obediência de todos. É necessário que tais regras sejam justas, levando em conta as características e os direitos fundamentais de todos os seres humanos.

Para ele, se atendidos tais requisitos da ordem democrática justa, podem-se almejar, ao mesmo tempo, a proteção e a promoção dos direitos humanos fundamentais e da dignidade humana: direitos à vida, à educação, à saúde, à moradia, ao meio ambiente sadio, entre outros. Temos, portanto, atrelado à concepção de democracia, além dos ideais de igualdade e de liberdade, o de justiça.

Todos esses princípios que fundamentam o ideal da democracia encontram alguns obstáculos na forma escolhida pelas sociedades contemporâneas para implementá-la: a representativa. Estruturado a partir dos partidos políticos como representantes da população e responsáveis pelas relações dos interesses dos diferentes grupos sociais com o Estado, é nítido o desgaste que esse modo de buscar a democracia enfrenta nos dias atuais. A crítica aos partidos e aos políticos (representantes), devido ao seu afastamento dos reais interesses da sociedade, é patente em todos os níveis e perceptível principalmente porque não vem conseguindo atingir a igualdade socioeconômica, a justiça social, nem garantir as liberdades individuais e coletivas.

Essa *crise da democracia* promoveu nos últimos anos o aparecimento do que Pateman (1970) e Colomer (1992) chamam de *democracia participativa* ou *neodemocracia* (apud Carracedo,

1996). A partir das idéias de autores como Rousseau e H. Arendt, de acordo com Colomer, o princípio orientador desse modelo está em incrementar a intervenção dos cidadãos sobre o Estado, em vez de tentar reduzir a intervenção estatal sobre a cidadania. Seu objetivo é atingir a maior participação possível dos cidadãos no controle dos poderes estatais. Trata-se de uma revigoração da democracia direta adaptada à complexidade das sociedades contemporâneas, podendo ser implementada por meio de referendos, plebiscitos e participação ativa dos cidadãos e cidadãs na definição das prioridades do Estado. A idéia de orçamento participativo, de *assembléias constituintes* em níveis locais e sobre conteúdos de interesse da comunidade, aliada às novas tecnologias que facilitam a comunicação e ao trabalho das Organizações Não-Governamentais (ONGs), é exemplo de como esse modelo de democracia pode ser incrementado.

Dessa maneira, pensando nos princípios da democracia, podemos incluir também a idéia de participação ativa, além dos ideais de liberdade, igualdade e justiça.

Democracia na escola

Sempre me intrigou o emprego bastante difundido da palavra *democracia* no âmbito educacional. Se a origem e uso do termo refere-se tradicionalmente a "forma de governo" ou a "governo da maioria", será que uma escola democrática é aquela cuja forma de organização está pautada no princípio de que deve ser governada pelos interesses da maioria, que são os alunos e as alunas? A história demonstra os problemas que propostas dessa natureza, de autogoverno, acarretam para a organização e para o funcionamento de instituições escolares, e para atingir as finalidades educativas das escolas.

Em um primeiro momento de seu livro *Democracia e participação escolar* (2000), Puig nos lembra que, embora útil para definir um modelo desejável de relações políticas na sociedade, o termo *democracia* não é necessariamente adequado para caracterizar instituições como a família, a escola e os hospitais. Isto porque tais instituições sociais são constituídas por agentes que possuem interesses e *status* diferentes. De acordo com ele,

> essas instituições foram pensadas para satisfazer algumas necessidades humanas que, de maneira inevitável, implicam a ação de sujeitos com capacidades, papéis e responsabilidades muito diferentes. São alheios à idéia de participação igualitária. Os pais e as mães têm um papel assimétrico com respeito aos filhos e às filhas, da mesma maneira que os professores e as professoras o têm com respeito aos seus alunos e às suas alunas, ou os médicos e as médicas com respeito aos seus pacientes e às suas pacientes. É nesse sentido que dissemos que para essas instituições não serve o qualificativo de democráticas, pois não são horizontais nem igualitárias (p. 25).

Isso não significa, de fato, que para Puig as instituições escolares não possam ser vistas como democráticas. Nesse mesmo livro, mais adiante, o autor demonstra que pode haver escolas democráticas, desde que se consiga um equilíbrio no jogo entre a assimetria funcional das relações e a simetria democrática dos princípios que devem reger as instituições sociais.

Na perspectiva de simetria, os direitos de igualdade e liberdade, por exemplo, devem ser extensivos a todas as pessoas nas instituições democráticas e nas escolas. Já a idéia de assimetria *natural* dos papéis de estudantes e docentes nas relações escolares, assim como nas relações familiares e no âmbito médico, calcada na diferenciação de conhecimentos e experiência, aponta problemas na compreensão de como a democracia se apresenta em tais instituições. Precisamos ter clareza de tais concepções e cuidado em sua interpretação, pois dependendo da forma com que é concebida abrem-se possibilidades para justificar o autoritarismo e o absolutismo.

A pergunta é: será que esse paradoxo de assimetria e simetria nas relações sociais pode servir de justificativa para o estabelecimento de relações autoritárias no âmbito das instituições sociais citadas? Essa parece ser uma boa justificativa para a forma tradicional com que pais e mães, professores e professoras, médicos e médicas se relacionam com as pessoas que lhes são subordinadas. Será que o autoritarismo que permeia, em geral, as relações nessas instituições se justifica em sociedades que almejam a democracia? É melhor termos cuidado com tais conclusões, que podem ser nefastas para a real democratização da sociedade.

Começo a discussão lembrando outro princípio inerente ao conceito de justiça e, conseqüentemente, de democracia: a *eqüidade*, que reconhece o princípio da diferença dentro da igualdade. Assim, uma lei é justa somente se reconhece que todos são considerados iguais perante ela, ao mesmo tempo que considera as possíveis diferenças relacionadas a seu cumprimento ou a sua violação. Um exemplo clássico é uma lei que define que não se devem matar outras pessoas e estabelece que toda pessoa (igualdade) que violar tal lei, seja rico, pobre, branco, negro, empresário ou trabalhador, será julgada por essa ação. Ao mesmo tempo, porém, essa lei deverá considerar a motivação e a intencionalidade da ação cometida para ser verdadeiramente justa. Uma pessoa que mata outra por puro sadismo não pode ser julgada pela sociedade da mesma maneira que quem mata em legítima defesa (eqüidade).

Se pensamos a democracia somente a partir do ideal de igualdade, acabamos por destruir a liberdade. Se todos forem concebidos como iguais, onde ficará o direito democrático da diferença, a possibilidade de pensar de maneira diferente e de ser *diferente*? Por isso, hoje se compreende que os regimes que tentaram buscar os ideais da democracia a partir da igualdade pura, como o comunismo, terminaram por se constituir em sistemas políticos absolutistas e autoritários. Para que o modelo de democracia seja justo e almeje a liberdade individual e coletiva, é necessário que a igualdade e a eqüidade sejam compreendidas como complementares. Ao mesmo tempo que a igualdade de direitos e deveres deve ser objetivada nas instituições sociais, não se devem perder de vista o direito e o respeito à diversidade, ao pensamento divergente.

Voltando à escola, essa concepção de que a democracia e a justiça pressupõem a igualdade e a eqüidade ajuda-nos a compreender como a democracia pode ser concebida no âmbito educacional. Ou seja, parte-se, em primeiro lugar, da assimetria dos papéis de estudantes e docentes, entendendo sua diferenciação natural a partir do princípio da eqüidade. Isso, porém, não desconsidera o fato de que em alguns aspectos os dois grupos são iguais perante a sociedade, tendo os mesmos direitos e deveres de todos os seres humanos. Essa é uma relação complexa que solicita um raciocínio dialético para sua compreensão.

Aos professores e às professoras são destinados papéis diferenciados dentro da instituição escolar, devido a seus conhecimentos e sua experiência. A sociedade lhes atribui responsabilidades e deveres que lhes permitem avaliar alunos e alunas e utilizar da autoridade da função para exigir o cumprimento das regras e normas sociais. Por outro lado, tais poderes não lhes garantem o direito de agir de maneira injusta, desconsiderando, por exemplo, os direitos relativos à cidadania de seus alunos e alunas.

Nesse sentido, se queremos falar de democracia na escola devemos, ao mesmo tempo, reconhecer a diferença nos papéis sociais e nos deveres e buscar os aspectos em que todos os membros da comunidade escolar têm os mesmos direitos. Estou falando, por exemplo, do direito ao diálogo, à livre expressão de sentimentos e idéias, ao tratamento respeitoso, à dignidade etc., tanto nas escolas como nos hospitais e nas famílias. Estou me referindo, afinal, à igualdade de direitos que configura a cidadania.

Cidadania e educação

Entramos no tema da *cidadania*, outra palavra que pode ser empregada em muitos sentidos. Desde sua origem na Roma antiga, a idéia de cidadania está vinculada ao princípio de que os habitantes têm o direito de participar da vida política da sociedade. O termo vem da palavra latina *civis*, que significa "habitante", e *civitatis*, que dava a condição de cidadão aos habitantes. Ou seja, dava-lhes o direito de participar ativamente na vida e no governo do povo.

Novamente, como no modelo grego de democracia, a cidadania na Roma antiga não era atribuída a todos os habitantes. Em primeiro lugar, estrangeiros e escravos não eram cidadãos, denominação garantida somente aos romanos livres. Em segundo lugar, mesmo entre os romanos livres havia uma distinção entre a cidadania e a cidadania ativa. Enquanto a primeira era uma denominação dada à maioria dos romanos, incluídas nesse grupo *todas* as mulheres, a segunda, que dava o direito efetivo de participar das atividades políticas e da administração pública, era destinada a um pequeno grupo de romanos (homens) livres.

Foi também a partir dos ideais que sustentaram a Revolução Francesa que o direito de exercer a cidadania passou a ser almejado para todas as pessoas e não somente a um pequeno grupo de habitantes. Seu pressuposto era de que somente se toda a população participasse das decisões políticas e da elaboração das leis se poderia constituir uma sociedade justa. Desde então, paralelamente à democratização das sociedades contemporâneas ocidentais, todos os segmentos da população vêm lentamente conquistando o direito de participar democraticamente de sua vida política. As mulheres e os mais pobres, não possuidores de patrimônio material consistente, por exemplo, foram tendo seus direitos de cidadãos e cidadãs reconhecidos em tais sociedades.

Em seu sentido tradicional, portanto, a cidadania expressa um conjunto de direitos e de deveres que permite aos cidadãos e cidadãs participar da vida política e da vida pública, podendo votar e ser votados, participar ativamente na elaboração das leis e exercer funções públicas, por exemplo.

Partindo dessas idéias, podemos fazer um questionamento importante para a compreensão atual dos significados possíveis para cidadania. Será que a garantia de participação ativa na vida política e pública é suficiente para garantir a todas as pessoas o atendimento de suas necessidades básicas?

Não acredito que a cidadania pressuponha apenas o atendimento das necessidades políticas e sociais, com o objetivo de garantir os recursos materiais que dêem uma vida digna às pessoas. Do meu ponto de vista é necessário que cada ser humano, para poder efetivamente participar da vida pública e política, se desenvolva em alguns aspectos que lhe dêem as condições físicas, psíquicas, cognitivas, ideológicas e culturais necessárias para uma vida saudável, uma vida que o leve à busca virtuosa da felicidade, individual e coletiva. Entender a cidadania a partir da redução do ser humano a suas relações sociais e políticas não é coerente com a multidimensionalidade que nos caracteriza e com a complexidade das relações que estabelecemos com o mundo à nossa volta e com nós mesmos.

Assim, a luta pela cidadania passa não apenas pela conquista de igualdade de direitos e de deveres a todos os seres humanos, mas também pela conquista de uma vida digna, em sua mais ampla concepção, para todos os cidadãos e cidadãs, habitantes do planeta.

Tal tarefa, complexa por natureza, pressupõe a educação de todos, crianças, jovens e adultos, a partir de princípios coerentes com esses objetivos, com a intenção evidente de promover a cidadania pautada na democracia, na justiça, na igualdade, na eqüidade e na participação ativa de todos os membros da sociedade.

Chegamos, dessa maneira, ao tema da educação para a cidadania, elemento essencial para a democracia. Para introduzir o assunto, gostaria de citar algumas idéias de Machado (1997), para quem

> *educar para a cidadania significa prover os indivíduos de instrumentos para a plena realização desta participação motivada e competente, desta simbiose entre interesses pessoais e sociais, desta disposição para sentir em si as dores do mundo. (p.106)*

Estamos falando, portanto, da formação e da instrução das pessoas para sua capacitação à participação motivada e competente na vida política e pública da sociedade. Ao mesmo tempo, entendo que essa formação deva visar ao desenvolvimento de competências para lidar com a diversidade e o conflito de idéias, com as influências da cultura e com os sentimentos e emoções presentes nas relações do sujeito consigo mesmo e com o mundo. Além disso, deve garantir a possibilidade e a capacidade de indignação com as injustiças cotidianas.

Nesse sentido, a educação para a cidadania e para a vida em uma sociedade democrática não pode se limitar ao conhecimento das leis e regras, ou a formar pessoas que aprendam a participar da vida coletiva de forma consciente. É necessário algo mais, que é o trabalho para a construção de personalidades morais, de cidadãos e cidadãs autônomos que buscam de maneira consciente e virtuosa a felicidade e o bem pessoal e coletivo. Conforme apontamos em outra ocasião (Araújo, 1999a), esse é um modelo de personalidade moral que incorpora em seu núcleo central

> *a racionalidade autônoma baseada na igualdade, na eqüidade, na justiça, no auto-respeito e no respeito pela natureza (em seu sentido global). Mas neste modelo a razão não é soberana, porque é também imbuída de afetividade, de sentimentos e emoções, que considera em seus juízos, ao mesmo tempo, os interesses do próprio sujeito e dos outros seres presentes em suas interações.* (p. 67)

Trabalhar na formação desse cidadão e dessa cidadã pressupõe considerar as diferentes dimensões constituintes da natureza humana: a sociocultural, a afetiva, a cognitiva e a biofisiológica[5], e atuar intencionalmente sobre elas.

Atuar sobre a dimensão sociocultural pressupõe propiciar uma educação que leve as pessoas a conhecer criticamente os dados e fatos sobre a cultura e a realidade social em que estão inseridas, assim como ao domínio dos conteúdos essenciais

5 Para mais detalhes de tais dimensões, ver Araújo, 1999a, p. 67.

ao exercício da cidadania, principalmente a língua e as matemáticas. Atuar sobre a dimensão afetiva pressupõe oferecer condições para que as pessoas conheçam a si mesmas, seus próprios sentimentos e emoções, que construam o auto-respeito e valores considerados socialmente desejáveis. No caso da dimensão cognitiva, partimos do princípio de que a construção de determinadas capacidades intelectuais ou de formas mais complexas de organizar o pensamento é importante para a compreensão da realidade e para a organização das relações das pessoas com o mundo. Por fim, temos a dimensão biofisiológica, que é nosso próprio corpo, sede de nossa personalidade. Garantir seu desenvolvimento adequado, respeitando as diferenças e características individuais, é essencial para o enriquecimento de nossas experiências e para a interação com o mundo a nossa volta.

Atuar com objetivos educacionais sobre essas quatro dimensões não pressupõe fragmentar a natureza humana; isso entraria em choque com os princípios do pensamento complexo abordados no capítulo anterior. A idéia, como salientamos naquele momento, é reconhecer as dimensões constituintes da natureza humana, para atuar sobre elas sem, contudo, perder a dimensão de totalidade da personalidade humana.

Sintetizando o que discutimos neste capítulo, em minha opinião a educação democrática para a cidadania deve voltar-se para a atuação simultânea sobre essas quatro dimensões constituintes da natureza humana, como condição para o desenvolvimento das competências necessárias para a participação efetiva na vida pública e política. Constroem-se, assim, personalidades morais que busquem de forma consciente e virtuosa a felicidade e o bem, pessoal e coletivo. Alguns pressupostos para essa atuação serão abordados no próximo capítulo.

3

A Construção de Escolas Democráticas

O objetivo central da educação deve ser a construção de personalidades morais autônomas, críticas, que almejem o exercício competente da cidadania. Para tanto, ela deve embasar-se nos princípios democráticos da justiça, da igualdade, da eqüidade e da participação ativa de todos os membros da sociedade na vida pública e política.

Será que a escola que hoje conhecemos permite, de fato, que tais objetivos sejam alcançados? Os projetos político-pedagógicos da grande maioria das escolas, públicas e privadas, explicitam que almejam levar seus alunos e alunas à compreensão dos princípios democráticos que devem reger a sociedade e à construção da cidadania. Parece-me, no entanto, que suas práticas não são coerentes com os objetivos propostos. Na realidade concreta das escolas e das salas de aula, o que vemos é uma preocupação quase exclusiva com a transmissão de alguns dos conteúdos científicos acumulados pelas diferentes culturas e pela humanidade. A preocupação dos currículos é com o ensino da língua, da matemática, das ciências, da natureza sociopolítica e econômica da humanidade e das artes. Em outras palavras, o que se privilegia é o desenvolvimento da dimensão cognitiva das pessoas e de uma parcela específica da cultura humana, a partir de conteúdos muitas vezes descontextualizados e dissociados da realidade e dos interesses da maioria dos educandos. Negligenciam-se, assim, outras dimensões constitutivas do ser humano e suas necessidades básicas.

Parece-me que esse modelo de escola não conseguirá atingir os objetivos de construção da cidadania no sentido em que a buscamos hoje em dia. As escolas em geral não percebem, mas sua atual estrutura curricular foi criada a partir dos ideais da sociedade grega antiga, há mais de 2.000 anos, e o cidadão que esse currículo busca formar é o idealizado por aquela cultura antiga. Ou seja, foi a cultura grega clássica que estabeleceu que para participar da vida pública e política os *homens* gregos e livres (portanto uma minoria, cerca de 10% dos que viviam na *pólis*) deveriam conhecer as línguas, a matemática, as ciências, a natureza sociopolítica e econômica da humanidade e as artes. Assim, podemos entender que, ao explicitar em seus projetos político-pedagógicos que pretendem construir a cidadania, as escolas não percebem que estão formando o elitizado cidadão grego de 2.000 anos atrás que, porém, vive nos dias atuais. Essa estrutura escolar, portanto, acaba por não formar o cidadão no sentido em que discutimos e que é almejado pelas democracias modernas.

Além disso, há outro aspecto relevante para essa discussão. Será que escolas estruturadas em hierarquias rígidas – a partir de relações interpessoais autoritárias em que aos subordinados cabe apenas obedecer e cumprir as determinações dos que detêm o poder – conseguirão levar seus alunos e alunas (e seus professores e professoras) a compreender o que é a democracia e como se exerce a cidadania? A resposta me parece evidente. Não vejo como escolas autoritárias possam contribuir efetivamente para a construção de personalidades morais autônomas e para o exercício da cidadania. O desejo de democracia na sociedade é incompatível com modelos de educação autoritária justamente nas instituições socialmente responsáveis pela educação das futuras gerações.

O interessante é que a maioria das escolas não consegue enxergar o autoritarismo nas relações ali estabelecidas, chegando a respaldar-se, para justificar sua prática, na assimetria natural da relação professor-aluno, ou adulto-criança, e na crença de que existem pessoas mais bem preparadas para gerir os interesses da coletividade. Os conteúdos a estudar e as regras que regulam a convivência entre os membros da comunidade são previamente determinados pelos docentes, assim como a eles também compete resolver os conflitos cotidianos, dizendo quem está certo e quem está errado, quem sabe e quem não sabe. Chega-se ao extremo, em minha opinião, de os professores decidirem se um aluno está de fato com vontade de ir ao banheiro, como se fosse possível *alguém enxergar a bexiga do outro*. Esses exemplos ilustram como o autoritarismo na relação entre professores e alunos está *naturalizado* na maioria das escolas, e o longo caminho ainda a ser percorrido na educação se quisermos que a prática democrática e o exercício da cidadania comecem a ser experienciados desde a infância.

Vale a pena retomar a discussão do capítulo anterior sobre a assimetria das relações escolares. Conforme Puig (2000) nos lembra, embora essa assimetria seja natural, compete às escolas conseguir um bom equilíbrio entre a assimetria funcional e a simetria democrática. O papel das escolas, nesse sentido, é preparar os estudantes para a convivência democrática da sociedade adulta, propiciando práticas pedagógicas que respeitem os princípios e valores da democracia e promovendo a participação ativa de toda a comunidade escolar em decisões relativas ao trabalho, aos conteúdos e à convivência coletiva. Dessa maneira, embora a assimetria e uma certa hierarquia nas relações dentro da escola devam ser preservadas – pela responsabilidade inerente às funções de ensino e administração –, é possível a democracia ser construída e trabalhada a partir da participação das pessoas nos processos decisórios possíveis de ser compartilhados. É assim que alunos e alunas, professores e professoras poderão compreender durante o processo educativo, na prática e não somente na teoria, de forma experiencial e não formal/abstrata, os princípios que regulam o exercício da cidadania em uma sociedade democrática.

Em outra perspectiva, será que uma educação que desconsidera a importância da dimensão psicológica dos sujeitos nos processos de democratização da sociedade terá sucesso na construção da cidadania competente? A educação não deve negligenciar a influência que a construção e a tomada de consciência dos sentimentos e emoções de cada sujeito têm para suas relações com o mundo à sua volta e para seu equilíbrio psíquico, com conseqüentes reflexos para a construção de tal competência. Levar as pessoas a se autoconhecerem e a desenvolverem uma boa auto-estima é também papel da educação formal escolar.

Essa escola democrática e participativa que estou descrevendo possui um papel mais amplo na tarefa educativa do que aquele que normalmente é desenvolvido na maioria das instituições. Ela pauta suas ações explorando e considerando a complexidade e a diversidade dos interesses da sociedade e de seus membros.

É evidente que não tenho uma receita acabada para essa "escola idealizada". Parto, porém, da concepção de que sua construção passa pela reorganização dos espaços, dos tempos, dos conteúdos e das relações interpessoais hoje existentes nas instituições escolares.

Assim, pensar na construção de escolas democráticas que almejem a construção da cidadania e de personalidades autônomas, e de maneira coerente com os pressupostos da complexidade abordados no primeiro capítulo, leva-nos a buscar compreender alguns dos diversos fatores que interferem nesse processo dentro do cotidiano escolar. A identificação desses fatores, no entanto, não significa uma tentativa reducionista de interpretar a realidade; ela é resultado de experiências ativas no cotidiano de escolas que tentam incrementar seu processo de democratização.

Em tais experiências, nos últimos dez anos, fui identificando aspectos que podiam interferir freando ou incrementando a real democratização dos processos educativos. Até o presente momento identifiquei de maneira substantiva sete diferentes aspectos, que se inter-relacionam. Esse número não é mágico nem cabalístico, podendo e devendo ser aumentado a partir de novas experiências nos complexos processos de democratização das escolas que assumem tais objetivos; sua identificação, no entanto, pode auxiliar na compreensão da complexidade das relações presentes no cotidiano escolar e na busca por formas mais realistas de intervenção na educação para a cidadania.

Os aspectos identificados são: os conteúdos escolares; a metodologia das aulas; o tipo e a natureza das relações interpessoais; os valores, a auto-estima e o autoconhecimento dos membros da comunidade escolar; e os processos de gestão da escola.

Apresento, a seguir, as razões que me levaram a estudar sua influência, sugestões de como o escola pode se reorganizar a partir de sua identificação para superar os obstáculos à democratização, e sua relação com as distintas dimensões constitutivas da natureza humana.

Os conteúdos escolares

Um dos grandes problemas enfrentados pela educação brasileira, nos dia de hoje, é a inadequação dos conteúdos trabalhados nas diversas disciplinas da grade curricular. Uma visão mais crítica mostra que, de maneira geral, eles estão dissociados da realidade e do cotidiano dos alunos e das alunas. Isso, além de provocar a falta de interesse, é uma das fontes para o grande problema de indisciplina e violência que hoje assola as escolas. Um conteúdo cuja a função para o seu dia-a-dia, ou mesmo para sua vida, o aluno não entende aumenta a probabilidade de apatia ou de manifestação das diversas formas de violência. À medida que a sociedade e a escola se democratizam, inicia-se uma cobrança para que a escola e os conteúdos por ela trabalhados sejam mais interessantes e próximos do cotidiano e da realidade dos alunos.

Qual a origem e o porquê dessa estrutura curricular vigente nas escolas ocidentais, que privilegiam a biologia, a física, a história, a matemática, a língua, as artes etc.? Por que são esses, e não outros, os conteúdos trabalhados nas escolas?

Moreno (1997) nos mostra que a origem desses núcleos de interesse pode ser encontrada na cultura grega clássica. Tais interesses dos pensadores gregos clássicos precisam ser compreendidos na perspectiva de uma cultura intelectualmente muito desenvolvida mas altamente elitista, que não se preocupava com o trabalho manual nem com a vida cotidiana das pessoas, porque atribuíam essas responsabilidades às mulheres e aos escravos. De acordo com a autora, esses valores elitistas, selecionados por uma minoria de cidadãos do sexo masculino, ainda prevalecem na cultura ocidental e são a base do modelo vigente de ciência e da estrutura curricular de nossas escolas.

Isso em detrimento de um universo mais amplo de conhecimentos que, se explorados pelo intelecto humano, poderiam propiciar um desenvolvimento mais próximo dos interesses cotidianos da maioria da população.

Uma das conseqüências mais visíveis desse modelo de ciência e de escola está no grande desenvolvimento intelectual das pessoas que têm acesso à educação formal e no avanço tecnológico alcançado pelas sociedades atuais. Quem usufrui tais avanços? Uma pequena elite. Nossas escolas preparam uma pequena parcela da população para se tornar médicos, engenheiros, economistas, empresários e profissionais liberais das mais diversas áreas. Qual é, porém, o uso que tal elite intelectual e socioeconômica faz desse nível de desenvolvimento? Em geral o emprega em benefício próprio, sem muita preocupação ética com os interesses da sociedade. O que percebemos, muitas vezes, são profissionais da área de saúde que põem seus interesses pessoais acima dos de seus pacientes; economistas que normalizam a exclusão econômica da maioria da população; publicitários ávidos por criar o desejo de consumo sem se preocupar com as repercussões que suas ações possam ter na vida dos que não podem consumir tais produtos; empresários que se preocupam com seus lucros sem se sensibilizar com as necessidades básicas de seus empregados ou com os danos que causam ao meio ambiente; e, finalmente, não podemos nos esquecer da elite política que é capaz de utilizar todos os seus conhecimentos e sua inteligência para a corrupção.

Será que a educação escolar deve manter uma postura neutra diante desses fatos e continuar pensando que seu objetivo é apenas ensinar às futuras gerações o que a cultura grega clássica selecionou há mais de 2.000 anos? Respaldada por um sistema de vestibulares altamente seletivo e excludente, estruturado a partir dos conteúdos gregos citados – que é responsável pelo controle do acesso ao ensino superior –, a maioria das escolas se nega a repensar seu currículo.

Propostas de adequar à realidade dos estudantes os conteúdos escolares e de trabalhar outros como a ética, a sexualidade, os sentimentos etc. vêm sendo implementadas em muitos lugares e estão presentes nos pressupostos das recentes reformas dos referenciais curriculares do sistema de ensino brasileiro. As mudanças, porém, têm sido muito lentas, principalmente a partir das 5ª séries do ensino fundamental, em que começam a aparecer os professores especialistas que se opõem de maneira mais sistemática à transformação da realidade escolar.

Entendo que uma escola que almeje a democracia e a formação de sujeitos éticos competentes para o exercício da cidadania precisa ter coragem e desejo político de reorganizar sua estrutura curricular.

Uma das formas propostas de reorganização da escola, sem abrir mão dos conteúdos curriculares tradicionais, é a inserção transversal, na estrutura curricular, de temas como saúde, ética, meio ambiente, respeito às diferenças, direitos do consumidor, relações capital-trabalho, igualdade de oportunidades, drogas e educação de sentimentos. Essa incorporação não se dá por meio de novas disciplinas, mas com novos conteúdos que devem ser trabalhados de maneira interdisciplinar e transversal aos conteúdos tradicionais. Assim, não se abre mão de conteúdos como a matemática, a língua portuguesa, as ciências e as artes, mas eles deixam de ser vistos como a "finalidade" da educação e passam a ser encarados como "meio" para alcançar sua real finalidade[6]: a construção de personalidades morais autônomas e críticas.

Além disso, os conhecimentos que os educandos trazem para a escola a partir de sua história de vida e de seus interesses pessoais devem estar no centro da contextualização dos conteúdos trabalhados em sala de aula. Considerar tal realidade na teia de conhecimentos a serem abordados na escola dará maior significado à aprendizagem dos alunos e alunas.

Em outra perspectiva, entendemos que os conteúdos escolares têm papel importante na constituição da dimensão sociocultural dos sujeitos psicológicos. Sua reorganização a partir dos pressupostos aqui discutidos permitirá que alunos e alunas construam sua personalidade com base em conteúdos eticamente mais significativos, com reflexos evidentes sobre as demais dimensões constituintes da natureza humana. Não tenho dúvidas de que uma pessoa que, durante seu processo educativo, experienciou sistematicamente o estudo sobre conteúdos de natureza ética e relacionados a temáticas significativas para seu mundo pessoal (p. ex., sexualidade, saúde e afetividade) e sua vida coletiva (p. ex., meio ambiente e consumo) terá maiores possibilidades de coordenar de maneira competente sua vida pessoal e suas responsabilidades pública e política.

Estar aberto a essas mudanças curriculares e buscar intencionalmente sua implementação no cotidiano das salas de aula é papel essencial dos profissionais da educação preocupados

6 Como sugestão de bibliografia complementar para compreensão dessa proposta, sugerimos os livros da Série Temas Transversais da Coleção Educação em Pauta, publicados pela Editora Moderna: Araújo, U. F. & Aquino, J. G. (2001). *Os direitos humanos na sala de aula:* a ética como tema transversal; Moreno, M. et al (2000). *Falemos de sentimentos:* a afetividade como tema transversal; Camargo, A. M. & Andrade, C. M (2000) *Sexualidade(s) e infância(s):* a sexualidade como tema transversal; Monteiro, A. & Pompeo, G. (2001). *A matemática e os temas transversais.*

com a democratização da sociedade e com a construção de personalidades morais autônomas. A manutenção da atual estrutura curricular das escolas reforça o modelo de sociedade injusta e excludente que vivemos hoje em dia.

A metodologia das aulas

Por outro lado, de que adiantará reorganizar os conteúdos escolares sem efetuar mudanças na própria lógica de organização do ensino? Ou inserir na escola conteúdos de ética e sobre sentimentos, por exemplo, se ela seguir presa a um modelo transmissivo e autoritário de conhecimento? Será que aulas em que os sujeitos da aprendizagem, alunos e alunas, exercem um papel passivo diante dos conteúdos que lhes são transmitidos formarão o cidadão e a cidadã competentes? A resposta, mais uma vez, é negativa: não se constrói a cidadania a partir de relações autoritárias e com base em metodologias de mera transmissão e reprodução do conhecimento.

Fico imaginando um professor de biologia ou de ciências que resolve trabalhar a sexualidade e/ou os sentimentos em suas aulas e chega com cartazes prontos do corpo humano para identificar as características sexuais biofisiológicas ou para localizar possíveis locais fisiológicos dos sentimentos. Para completar, pede aos estudantes que memorizem e descrevam tais conteúdos *ensinados* para serem avaliados em sua aprendizagem. Será que tais aulas atenderão aos princípios do que estamos trabalhando?

A construção dos conhecimentos pressupõe aqui um sujeito ativo, que participa de maneira intensa e reflexiva das aulas. Um sujeito que constrói sua inteligência e sua personalidade por meio do diálogo estabelecido com seus pares, com os professores e com a cultura, na própria realidade cotidiana do mundo em que vive.

Dessa maneira, paralelamente à reestruturação curricular, um projeto educativo que almeje a construção de personalidades morais autônomas e críticas deve prever maneiras de trabalhar o conhecimento privilegiando o desenvolvimento da competência dialógica e reflexiva dos educandos, ao mesmo tempo que buscando estratégias que tenham como pressuposto levar alunos e alunas a tomar consciência de seus próprios sentimentos e emoções.

Esses objetivos podem ser atingidos por meio de aulas que incorporem metodologias dinâmicas, aulas que trabalhem os conteúdos escolares utilizando, por exemplo, trabalhos e discussão em grupo, a representação dos diversos papéis sociais e a reflexão crítica sobre os conteúdos abordados. Mas não somente isso, porque então a educação seguiria muito racionalizada e descontextualizada das experiências reais dos sujeitos da educação. Falo de aulas de matemática, de ciências, de biologia ou de língua portuguesa ministradas com metodologias mais interessantes para os alunos, como dramatização, exercícios autobiográficos, discussão de dilemas morais e outras, conforme sugere Puig (1998b) no livro *Ética e valores:* métodos para um ensino transversal. Outra sugestão coerente com o que estamos propondo são os projetos e dinâmicas apresentados no livro *Os direitos humanos na sala de aula:* a ética como tema transversal (Araújo, U. F. & Aquino, J. G., 2001).

Para que a educação e os conteúdos abordados na escola se tornem de fato significativos para alunos e alunas, contribuindo para a construção de personalidades morais, acredito que professores e professoras devam promover suas aulas a partir de dinâmicas que incorporem três tipos diferentes de atividades: reflexivas; conceituais concretas; práticas experienciais. Exemplificando tais propostas:

Atividades reflexivas: são atividades que pressupõem levar os estudantes a refletir de maneira crítica sobre aspectos da realidade pessoal e social, relacionando-os aos conteúdos escolares. Inserem-se nessa categoria, por exemplo, qualquer dinâmica que pressuponha o diálogo a partir de trabalhos em grupo, debates, assistir a filmes e solicitações de trabalhos individuais sobre temáticas socialmente relevantes. Além disso, técnicas como discussão de dilemas, resolução de conflitos, clarificação de valores, exercícios autobiográficos e exercícios de construção conceitual (Puig, 1998b) são coerentes com tal proposta.

Atividades conceituais concretas: neste tipo de atividade saímos da reflexão pura e nos aproximamos da realidade concreta do cotidiano. Estou falando de atividades em que determinados conceitos são experienciados *concretamente* pelos alunos e alunas e não somente por meio de formalizações conceituais abstratas. Assim, proponho o trabalho com dinâmicas em que o conhecimento a ser estudado seja experienciado pelos estudantes a partir de situações hipotéticas ou a partir de dados de seu cotidiano. Como exemplos do que estamos chamando de *atividades conceituais concretas* podemos enunciar: atividades de *role-playing* (dramatização), em que os sujeitos são levados a vivenciar o que diferentes personagens envolvidos em um determinado conflito cotidiano pensam e sentem, para depois produzir textos; atividades de matemática baseadas em dados da própria realidade cotidiana, como trabalhos de ética e consumo desenvolvidos a partir de dados encontrados nos valores e aumentos percentuais aplicados em contas de eletricidade, água e de produtos consumidos pelo grupo. Ou seja, neste tipo de atividade os conhecimentos são conceitualizados a partir da experiência concreta e cotidiana dos sujeitos.

Atividades práticas experienciais: este tipo de atividade permite a construção de conhecimentos e valores não somente a partir da formalização e/ou conceitualização da realidade, mas a partir das próprias experiências sociais. As propostas de *estudos do meio* são um primeiro exemplo de aproximação a esse tipo de experiência. Além disso, temos atividades em que o estudo da nutrição e da desnutrição, suas causas, conseqüências e formas de atuar socialmente no enfrentamento do problema são levados a cabo pela classe, na própria realidade social – por exemplo, procurando e visitando crianças desnutridas e atuando de maneira politicamente organizada para ajudar na solução do problema, ao mesmo tempo que utilizando a experiência para conhecer as informações científicas e sociais relativas à qualidade da nutrição necessária à vida humana. De outra forma, a experiência de levar as crianças de uma escola privada para andar de ônibus urbano, quando não conhecem tal situação empiricamente, trará determinado conhecimento não possível de ser construído nos livros ou em simulações hipotéticas.

Essas diferentes maneiras metodológicas de trabalhar os conteúdos escolares se complementam quando as vemos articuladamente e não de forma fragmentada. Quando pensamos em uma programação de conteúdos para todo um ano escolar ou dentro de um determinado projeto, a articulação de atividades *reflexivas*, *conceituais concretas* e *práticas experienciais* permite que os conhecimentos e os valores tenham maior significado para os estudantes, que as aulas sejam mais prazerosas e interessantes, e o currículo esteja mais próximo de suas experiências.

Nesse sentido, a metodologia das aulas e a reorganização curricular da escola passam a ter um papel relevante na construção da democracia e da cidadania. As dimensões sociocultural e afetiva (pelos valores trabalhados) são especialmente reforçadas na constituição da personalidade moral, a partir das técnicas educacionais sugeridas.

Os valores dos membros da comunidade escolar

A concepção epistemológica e teórica de meu trabalho é o construtivismo. Parto do princípio de que os valores morais não são nem ensinados nem nascem com as pessoas. Eles são construídos na experiência significativa que o sujeito estabelece com o mundo. Essa construção depende diretamente da ação do sujeito, dos valores implícitos nos conteúdos com que interage no dia-a-dia e da *qualidade* das relações interpessoais estabelecidas entre o sujeito e a fonte dos valores.

Mas, afinal, o que são valores e como se constroem? Tendo como base as idéias de Piaget (1954), defendo o princípio de que os valores referem-se a trocas afetivas que o sujeito realiza com o exterior. Surgem da projeção de sentimentos positivos sobre objetos, pessoas e/ou relações.

Desde o nascimento, com as trocas interpessoais e a intelectualização dos sentimentos, os valores vão sendo cognitivamente organizados a partir dos julgamentos de valor que realizamos. Essas valorações mais estáveis nos levam a definir normas de ação, que são organizadas em escalas normativas de valores e, de certa forma, forçam nossa consciência a agir de acordo com eles. Dessa maneira, cada um constrói seu próprio sistema de valores, que se integra a sua identidade. Nesse sistema alguns valores "posicionam-se" como mais centrais na identidade e outros mais na periferia.

A importância desse modelo teórico é compreendermos que cada um de nós, sujeitos psicológicos, possui determinados valores centrais em sua identidade, que influenciam sua conduta.

Uma ressalva muito importante é que, em geral, quando se fala de valores pensamos em valores morais. Os valores que resultam da projeção dos sentimentos e emoções sobre objetos, pessoas e/ou relações não são necessariamente morais. O valor discutido até aqui é o que chamo de "valor psíquico", no sentido de que está relacionado aos objetos, pessoas e/ou relações com que estabelecemos vínculos afetivos, de que gostamos, em resumo.

Assim, uma determinada pessoa pode gostar da idéia de resolver seus conflitos por meio da violência ou de métodos autoritários, pois acredita que essa é a melhor maneira. Esse pode ser um valor central para ela, e tenderá a resolver seus conflitos dessa maneira. A violência é então um valor no sentido psicológico; é algo que a pessoa valoriza e que a mobiliza afetivamente, podendo até lhe dar prazer. Para outra pessoa, respeitar os demais seres humanos ou gostar do diálogo como forma de enfrentamento dos conflitos pode ser um valor central. Em resumo, o que faz com que um valor se torne moral é seu vínculo com conteúdos de natureza moral, que o alvo das projeções afetivas positivas tenha natureza ética.

Nesse sentido, todos nós possuímos nosso sistema de valores, constituído por valores que são morais ou não. É importante, no entanto, diferenciar o *valor moral* do *valor psíquico*. Enquanto o segundo tipo é inerente à natureza humana e todos os seres humanos constroem seu próprio sistema de valores a partir das interações no mundo, desde o nascimento, o valor moral depende de uma certa *qualidade* nas interações e não é necessariamente construído pelas pessoas. Isso depende de a projeção afetiva positiva que o constitui estar vinculada com conteúdos de natureza moral.

Retomando nosso objeto de estudo, a educação, cada criança e cada adulto que freqüenta uma escola possui seu próprio sistema de valores. Se os valores centrais na identidade dessas pessoas forem, por exemplo, não-democráticos, suas ações dentro do contexto escolar tenderão a ser autoritárias e a não legitimar as tentativas de democratização do ambiente escolar em que atuam. Isso vale tanto para as crianças quanto para os adultos. As conseqüências diretas observáveis são pessoas que agem e pensam defendendo o princípio de que na escola não existe espaço para a democracia e que os papéis são bem definidos: quem detém o poder manda, e o subordinado obedece, ou, ainda, que o professor manda e o aluno obedece. Os reflexos aparecem na violência, na exclusão, no autoritarismo e nas mais diferentes formas de organização que geralmente terminam por caracterizar as instituições escolares como não-democráticas.

A partir do exposto até aqui, entendo que a escola, consciente de seu papel formativo e instrutivo, não pode trabalhar com qualquer valor. Se almeja a educação para a cidadania, sua responsabilidade encontra-se em propiciar a oportunidade para que seus alunos e alunas interajam reflexivamente sobre valores e virtudes vinculados à justiça, ao altruísmo, à cidadania, e à busca virtuosa da felicidade. Essa interação, no entanto, deve ser prazerosa, para tornar-se alvo das projeções afetivas dos sujeitos. Caso contrário, o valor trabalhado poderá não representar um valor para ele. O que quero dizer é que trabalhar valores de forma tradicional, maçante, *chata*, não permitirá sua construção.

Se não acreditamos que a construção de personalidades autônomas se dê pela transmissão e inculcação de valores, a educação moral pode ocorrer em qualquer disciplina, desde que os conteúdos tradicionais estejam imbuídos de valores éticos e sejam trabalhados com métodos que solicitem a reflexão, o diálogo e o prazer.

E quais seriam esses valores a trabalhar nas escolas? A premissa que utilizamos é a da existência de alguns valores definidos como *universalmente desejáveis*. Essa idéia permite a sistematização de alguns valores que valham para a maioria das culturas (ou pelo menos para as mais complexas), sem perder a consciência de que existem limites para essa universalização. Esses valores, portanto, podem ser tomados por nossa cultura como desejáveis, mas isso não nos dá o direito de os impor às demais.

Nessa discussão, defendemos o pressuposto de que os princípios e valores aludidos na Declaração Universal dos Direitos Humanos, por exemplo, apesar de não deverem ser impostos a toda e qualquer cultura existente hoje no planeta, devem ser desejáveis no contexto social brasileiro. Vivemos hoje numa cultura que almeja a democracia, ou seja, uma ordem social pautada em valores como a justiça, a igualdade, a eqüidade e a participação coletiva na vida pública e política de todos os membros da sociedade, e esses são os valores basais da Declaração Universal dos Direitos Humanos. Dessa maneira, os princípios presentes na referida declaração podem ser um guia de referência para a elaboração de projetos educativos que objetivem a educação para a cidadania e para a construção de personalidades morais autônomas.

Entendendo que os valores se referem à dimensão afetiva da natureza humana, seu trabalho na educação promove o fortalecimento desse aspecto da personalidade dos educandos.

As relações interpessoais

Retomando algumas idéias já abordadas anteriormente, a construção da cidadania pressupõe a instrumentalização das pessoas para a participação motivada e competente na vida política e pública da sociedade. Ao mesmo tempo, essa formação deve visar ao desenvolvimento de competências para lidar com a diversidade e o conflito de idéias, com as influências da cultura e com os sentimentos e emoções presentes nas relações do sujeito consigo mesmo e com o mundo.

Será que a forma com que professores e alunos atualmente se relacionam na maioria das escolas é coerente com tais objetivos? Já discutimos a assimetria *natural* existente nas relações escolares em virtude dos diferentes interesses e responsabilidades dos atores e atrizes da instituição escolar, mas isso não justifica o autoritarismo que reina na maior parte das escolas. Como exemplo de tais situações, lembramos que na maioria das instituições as regras são estabelecidas exclusivamente pelos adultos, e a cobrança de seu cumprimento é feita por meio de instrumentos autoritários à disposição de professores, como as avaliações, a humilhação pública e os gritos; o conhecimento abordado é geralmente imposto aos estudantes a partir de interesses alheios às suas necessidades e de maneira também autoritária; o respeito cobrado pelos adultos é unilateral, uma vez que a recíproca não aparece, ou seja, o adulto geralmente não precisa respeitar os sentimentos e desejos de alunos e alunas.

Enfim, poderíamos enumerar uma série de situações de sala de aula e também da forma com que a direção e o poder público se relacionam com os professores, o que configuraria o ambiente escolar como autoritário e estruturado em cima de relações interpessoais que têm como base o respeito unilateral. Creio, porém, que o leitor e a leitora deste livro já conhecem exemplos suficientes de tais práticas escolares. Importante é perceber que a manutenção desse tipo de relação dentro da escola está a serviço de uma educação que não permitirá a construção real da cidadania, pois reforça o egocentrismo e a heteronomia moral e intelectual dos educandos. Necessitamos de uma escola cujas relações entre seus membros se assentem em outras bases: a democracia e o respeito mútuo.

Em primeiro lugar, entendo que as condições ideais para a criança libertar-se do egocentrismo, da submissão cega e do respeito unilateral para com os mais velhos dependem de relações democráticas baseadas na cooperação, no respeito mútuo e na reciprocidade que crianças e adultos estabelecem entre si. Assim, se a criança conviver num "ambiente cooperativo", que solicite trocas sociais por reciprocidade, no qual seja respeitada pelo adulto e participe ativamente dos processos de tomada de decisões, por hipótese ela tenderá a desenvolver sua autonomia moral e intelectual e, conseqüentemente, poderá atingir níveis de moralidade mais autônomos[7].

Esse processo passa, essencialmente, por um ambiente escolar democrático estabelecido sobre relações de respeito mútuo. Se a democracia na escola já foi discutida anteriormente, é hora de discutir o que é o sentimento de respeito, suas diferentes formas de configuração e a relação com a autoridade docente.

Afinal, o que é o respeito?[8] Partimos da idéia básica de que é um sentimento e, como tal, experienciado nas relações interpessoais e a partir de reflexões intrapessoais. Ou seja, pode-se

7 Ver Araújo, U. F. (1996). *O ambiente escolar cooperativo e o desenvolvimento do juízo moral infantil*; e Araújo, U. F. (2001 a).

8 As idéias a seguir estão baseadas em uma publicação anterior: Araújo, U. F. (1999 b).

sentir respeito por outras pessoas, por seus valores e atitudes (por exemplo), mas também se pode senti-lo por si próprio, como é o caso do auto-respeito.

Um autor que desenvolveu estudos sobre o tema no início do século e influenciou bastante os trabalhos de Piaget sobre a moralidade infantil foi o psicólogo suíço Pierre Bovet, para quem o respeito é fruto da coordenação entre dois sentimentos: o amor e o temor. Da coordenação dialética entre esses sentimentos nas relações interindividuais é que surgirá, por exemplo, a obediência da criança aos pais e aos mais velhos. Uma criança respeita seus pais porque ao mesmo tempo que gosta deles teme perder seu amor, ou mesmo sofrer punições.

Em *O juízo moral na criança* (1932), Piaget concorda parcialmente com Bovet. Para ele, esse sentimento de respeito baseado no afeto e no medo explica apenas um dos dois tipos de respeito existentes: o unilateral. Como a própria palavra diz, esse respeito tem sentido único, daquele que respeita para aquele que é respeitado. Não existe a reciprocidade na relação, e quem é respeitado não se obriga a respeitar o outro. É a relação típica entre adultos e crianças, entre docentes e estudantes, entre quem detém o poder e seus subordinados.

Dessa discussão podemos pensar que, quando se estabelecem relações de respeito unilateral, em se tratando de amor e medo o sentimento que prevalece é o medo. A criança respeita sua mãe e, por que não dizer também?, sua professora porque tem medo da punição. Entendemos, porém, que se não houver um mínimo de afetividade na relação não haverá o respeito. Pode haver obediência, que só funcionará enquanto o mais velho tiver instrumentos de coação à sua disposição para cobrá-la.

A impressão que tenho é de que boa parte dos problemas disciplinares que as escolas vêm enfrentando ultimamente decorre do fato de as relações ali estabelecidas, contrariando a visão da maioria dos docentes, não ser de respeito e sim de obediência. À medida que a sociedade se democratiza e os instrumentos autoritários colocados por ela a serviço da escola vão sendo eliminados, a relação de obediência transparece, porque as relações de fato não estão baseadas no respeito e os sujeitos não se sentem mais obrigados a cumprir as regras.

De acordo com Piaget existe outro tipo de respeito, que pode ser estabelecido a partir da cooperação e da reciprocidade que as pessoas estabelecem entre si: o respeito mútuo. Para ele o respeito mútuo é precedido psicogeneticamente pelo respeito unilateral, e todo indivíduo tende a estabelecer esse tipo de relação quando coopera com seus iguais ou quando seus superiores tendem a tornar-se seus iguais.

A leitura que faço das idéias de Piaget, retomando o princípio de Bovet de que o respeito é resultado da coordenação entre o amor e o temor, é que, no caso do respeito mútuo, na relação entre esses dois sentimentos o que prevalece é o amor. É a afetividade ou o amor nas relações entre as pessoas que permite que o medo ali não seja o da punição, e sim o de *decair perante os olhos do indivíduo respeitado*[9]. Esse medo é totalmente diferente do da punição, característico dos sujeitos heterônomos. O medo de decair perante os olhos da pessoa de quem a gente gosta é característico do sujeito autônomo, que regula suas relações na reciprocidade e na consideração pelas outras pessoas.

9 Ver De La Taille (1998) e Piaget (1932).

Transferindo a discussão para o âmbito escolar podemos compreender que esse é o tipo de respeito estabelecido entre os docentes que não necessitam utilizar punições e ameaças autoritárias nas relações com alunos e alunas. Em minhas experiências escolares conheci inúmeros profissionais que eram ouvidos pelos estudantes, professoras que não tinham problemas com indisciplina em sala de aula, diretoras que conseguiam o respeito de toda a comunidade. Acredito que o respeito mútuo, ou recíproco, construído por esses profissionais com o grupo é que garante a harmonia das relações interpessoais na escola e permite sua democratização.

Por fim, existe um elemento comum que une os diferentes tipos de respeito e, de acordo com Bovet (1925, p. 158), está na origem do amor e do temor sentidos pelo sujeito que respeita os outros: a admiração. O sentimento de admiração é condição para o respeito, e podemos admirar tanto quem amamos quanto quem nos oprime. Creio que é a admiração que permite o vínculo dialético entre o amor e o temor presentes no sentimento de respeito. Para respeitarmos alguém é necessária uma identificação com essa pessoa, pela admiração. Se a relação é de respeito unilateral, baseada prioritariamente no temor, ou se é de respeito mútuo, baseada prioritariamente no amor, a admiração pelo outro é que garantirá que eu o respeite.

E a autoridade? Como ela se constitui na escola? É evidente que respostas conclusivas a perguntas complexas como essa não serão encontradas aqui, mas minha contribuição para a discussão está no papel que desempenha o sentimento de respeito. Creio que a figura da autoridade está intimamente relacionada com o sentimento de respeito construído nas relações interpessoais.

Gostaria de distinguir dois tipos de autoridade: a *autoridade autoritária* e a *autoridade por competência*. Enquanto a primeira está ligada ao uso da força e da violência, a segunda vincula-se à admiração nutrida nas relações com os subordinados, a partir do prestígio e da competência.

Mas, afinal, como se constitui a figura da autoridade? Podemos entender que isso ocorre a partir do tipo de respeito construído nas relações interpessoais: se unilateral ou mútuo. A autoridade autoritária funda-se nas relações de respeito unilateral, enquanto a autoridade por competência, nas relações de respeito mútuo.

Para que uma pessoa se constitua como autoridade em alguma relação, é necessário que tenha uma imagem reconhecida de superioridade perante os demais membros do grupo. O reconhecimento dessa superioridade pode se dar em forma de admiração sentida pela figura da autoridade. Assim, a autoridade é constituída a partir da admiração que por ela sente um determinado grupo de pessoas.

Como vimos anteriormente, a admiração está na origem do amor e do temor sentidos pelo sujeito que respeita o outro; ela é o sentimento que promove a identificação entre a pessoa respeitada e a que respeita. Assim, podemos compreender que a constituição da autoridade em um grupo está mediada pelo sentimento de respeito que por ela nutrem os demais membros do grupo, a partir da admiração.

Se a autoridade foi constituída com base exclusiva na hierarquia social ou institucionalizada pela sociedade, é grande a possibilidade de que o respeito estabelecido na relação seja unilateral e a autoridade lance mão de sua superioridade hierárquica para impor sua vontade, seus valores e cobrar obediência dos subordinados. Insisto apenas em que, de qualquer maneira, o temor que levará as pessoas a seguir ou obedecer esse tipo de autoridade, que denominamos autoritária, estará mediado também pela admiração e por algum tipo de afetividade. Se não houver esses sentimentos, e a relação for baseada somente no medo da punição, o sujeito subordinado poderá até obedecer ao superior hierárquico, mas não o legitimará como uma autoridade que deve ser respeitada.

Com esse quadro podemos fazer relações novamente com a escola. Os professores e professoras são investidos pela sociedade de uma superioridade hierárquica. Creio que imbuídos dos instrumentos de poder que lhes são colocados à disposição, alguns tentam constituir-se como autoridade cobrando obediência de seus alunos e alunas e impondo sua vontade e seus valores. O máximo que esses docentes conseguem é o papel de autoridades autoritárias. Se perderem o amor e a admiração do alunado, não existirá mais respeito e poderão tornar-se alvo de violências e das mais variadas formas de agressões, desde a indisciplina até a apatia.

Outros professores e professoras, no entanto, apesar da superioridade hierárquica de que são investidos pela sociedade, obtêm o respeito e a admiração de seus alunos e alunas pelo prestígio e pela competência de seus conhecimentos. Se conseguem, além disso, estabelecer com os estudantes relações baseadas no respeito mútuo, sua autoridade será constituída de forma diferente. A autoridade fundada em relações de respeito mútuo e no prestígio obtido a partir da competência não necessita ser autoritária. Esses professores ou professoras conseguem estabelecer relações baseadas no diálogo, na confiança e nutrir uma afetividade que permite que os conflitos cotidianos da escola sejam solucionados de maneira democrática. A admiração que lhes é devotada pelos estudantes faz com que o medo presente na relação não seja o da punição, que passa a não fazer mais sentido, e sim o da perda do respeito pela pessoa de quem gostam.

É neste tipo de respeito e de autoridade que uma escola que busca a construção do cidadão e da cidadã deve pautar suas relações. Professores, professoras, dirigentes, funcionários, funcionárias, alunos e alunas, todos devem procurar que o respeito mútuo permeie suas relações na escola.

Outro eixo que apontamos como fundamental nesse sentido é o da democratização das relações interpessoais. Uma forma de operacionalizar o espaço para a participação efetiva de alunos e professores nesse processo de democratização das relações e na construção das regras são as assembléias na escola.

O pedagogo francês Celestin Freinet parece ter sido quem primeiro sistematizou a idéia das assembléias de classe. Meu trabalho, porém, está baseado no modelo elaborado por Puig (2000), e publicado no Brasil no livro *Democracia e participação escolar*, em que se apontam formas concretas de operacionalizar o espaço democrático das assembléias na escola e nas salas de aula.

De acordo com Puig, as assembléias são o momento institucional da palavra e do diálogo, o momento em que o coletivo se reúne para refletir, para tomar consciência de si mesmo e para transformar tudo o que seus membros consideram oportuno. É um momento organizado para que alunos e alunas, professores e professoras falem de tudo que lhes pareça pertinente para melhorar o trabalho e a convivência escolar.

Esse trabalho não é de fácil implementação nas escolas, devido ao ranço autoritário que as caracteriza, conforme já discutimos. Nas muitas experiências que tive, de orientar sua implantação em escolas públicas e privadas brasileiras, o maior empecilho está na falta de cultura democrática dos membros da comunidade e na resistência dos professores e professoras a abrir mão de parte do poder autoritário já institucionalizado para dividir com os estudantes, verdadeiramente, o processo de tomada de decisões, a partir do diálogo e da negociação.

Nas escolas que conseguem avançar nesse trabalho, os resultados são surpreendentes, e algumas experiências serão apresentadas nos próximos capítulos deste livro. Entre os resultados mais significativos apontados por quem passa pela experiência das assembléias de classe está a mudança nas relações interpessoais. Além de se ter ali um espaço para a elaboração e reelaboração constante das regras voltadas à convivência escolar, promove-se o diálogo para a negociação e o encaminhamento dos conflitos cotidianos. Professores também têm a oportunidade de conhecer melhor seus alunos e suas alunas em facetas que não são possíveis no dia-a-dia da sala de aula. Temas como disciplina e indisciplina deixam de ser de responsabilidade somente da autoridade docente e passam a ser compartilhados por toda a classe, responsável pela elaboração das regras e pela cobrança de seu respeito. Enfim, o espaço das assembléias propicia uma mudança radical na forma com que as relações interpessoais são estabelecidas dentro da escola e, se devidamente coordenado com relações de respeito mútuo, permite verdadeiramente a construção de um ambiente escolar democrático.

A assembléia não pode ser algo que ocorre somente quando a autoridade adulta não consegue resolver sozinha os problemas e decide pedir ajuda aos estudantes, fazendo-se, nesse momento, de democrática. Sua implementação pressupõe a institucionalização desse espaço na grade horária escolar. Assim, ela deve ocorrer semanalmente nas salas de aula e pelo menos uma vez por mês na escola.

O jogo democrático prevê a constância das regras e a certeza de que a freqüência dos momentos de discussão será garantida. Por isso, assim como na sociedade adulta democrática sabemos que a cada quatro anos temos a possibilidade de nos manifestar quanto ao rumo político tomado pelos representantes eleitos, também na sala de aula seus membros sabem que a cada semana terão o espaço para discutir as regras, reelaborá-las e dar encaminhamento para os conflitos do cotidiano.

Gostaria de ressaltar, ainda, que o espaço das assembléias de classe não se destina exclusivamente à resolução de conflitos, pois isso tornaria esse momento sempre tenso e não prazeroso. Pode-se também, ali, falar das coisas positivas, felicitar as conquistas pessoais e do grupo e discutir temáticas para projetos futuros.

Dessa maneira, o espaço das assembléias de classe[10] permite experiências conceituais concretas e práticas de democracia na escola, que poderão levar todos os membros da comunidade a vivenciar um ambiente democrático e respeitoso, contribuindo com a educação para a cidadania. As assembléias propiciam a transformação das relações interpessoais, ao mesmo tempo que intervêm na construção psicológica e moral de seus agentes, atuando na multidimensionalidade constituinte dos sujeitos que freqüentam esse espaço.

A AUTO-ESTIMA

Todos os aspectos analisados até o momento estão inter-relacionados se seguimos com a visão sistêmica e de complexidade

10 O leitor ou leitora interessado em conhecer com detalhes os procedimentos que permitem implementar assembléias de classe nas escolas encontrarão seus pressupostos no livro *Democracia e participação escolar*, de Puig (2000).

que pauta este trabalho. Por isso, relacionar a auto-estima das pessoas que compõem o universo escolar com o objetivo de educação para a cidadania é perpassar também todos os aspectos discutidos até aqui.

Quando falo de auto-estima estou me referindo à auto-imagem que cada pessoa tem de si mesma. De acordo com Harkot-de-La-Taille (1999, p. 20), cada ser humano constrói para si uma imagem que julga representá-lo, com a qual se identifica e se confunde. Essa imagem, portanto, desliza do *parecer* para o *ser*, quando, então, imagem e sujeito constituem um mesmo e único valor. Não se trata, porém, de algo apenas racionalizado cognitivamente no nível da consciência, pois essa auto-imagem possui uma dimensão afetiva em sua constituição, que também se relaciona com os valores da cultura e com a constituição bio-fisiológica do corpo que a sedia. Assim, estamos novamente falando do sujeito psicológico constituído de diferentes dimensões que em sua história de vida constrói uma consciência de si mesmo. É evidente que esse sujeito não está isolado no mundo e que nesse processo ele se constitui (e é constituído) nas relações com o mundo objetivo e subjetivo em que vive.

Essa consciência, que defino como a capacidade para dar-se conta da própria atividade física e mental, supõe, de acordo com Puig (1998a), acrescentar ao simples "saber algo" ou "saber fazer algo" um "saber que se sabe".

Nesse saber, ou consciência, encontra-se a auto-imagem e o que cada um sente sobre si mesmo: a *auto-estima*; o valor, ou os sentimentos, que cada um projeta e atribui a si mesmo. Sem poder falar de padrões definidos ou de normalidade, essa auto-estima pode ser mais negativa ou positiva, com conseqüências visíveis sobre as interações do sujeito com o mundo e consigo mesmo.

Como exemplo do que estou afirmando, cito o trabalho de Araújo, V. A. A. (2001). Ao estudar o pensamento de professores e professoras que experienciaram estados de ânimo positivos ou negativos e tiveram, em seguida, de resolver uma situação em que flagraram um aluno seu fumando maconha na escola, Araújo encontrou uma variação significativa na forma com que organizaram seu raciocínio. Os docentes que naquele momento estavam com estado de ânimo positivo ou com a auto-estima elevada apresentaram maior disponibilidade para ajudar o aluno. Por outro lado, os que estavam com estado de ânimo negativo ou com baixa auto-estima tenderam a se eximir de ajudar o aluno e a encaminhar o caso para que outras pessoas o resolvessem. De acordo com a autora, quando está com a auto-estima elevada a pessoa tende a se envolver pessoalmente na busca por soluções aos problemas, agindo de forma coerente com seus desejos e emoções. No caso contrário, ela tende a racionalizar a situação, desconsiderando seus desejos e emoções e não se envolvendo diretamente.

Em minha opinião, esse tema não vem recebendo a atenção devida dos profissionais da educação e precisa ser enfrentado por toda a comunidade escolar.

Uma vez que a cidadania pressupõe o desejo de atuação política e pública na construção de uma sociedade mais democrática e justa, a auto-estima desses cidadãos e cidadãs será de grande importância para que tal projeto de fato ocorra.

Uma característica que sinto estar permeando as escolas hoje em dia é a de um quadro generalizado de baixa auto-estima: docentes e funcionários insatisfeitos com sua atuação profissional, com a situação social em que estão inseridos, com os baixos salários, com a falta de formação adequada para enfrentar os novos desafios da escola, como os enunciados neste livro. Por outro lado, alunos e alunas com baixa auto-estima porque não aprendem o que a escola espera deles ou porque são constantemente humilhados por seus mestres ou colegas.

Entendo que esse quadro de baixa auto-estima está diretamente ligado às relações autoritárias que predominam na sociedade. Uma característica inerente a uma relação autoritária é que o detentor do poder se considera melhor, ou mais capaz, que a pessoa subordinada. Temos aqui um quadro espiralizado de reforço da baixa auto-estima dos atores da instituição escolar, que precisa ser enfrentado. Não estou aqui querendo reduzir a discussão psicológica sobre a auto-estima às relações interpessoais autoritárias, é claro que não, mas saliento que esse fator exerce influências na constituição da auto-estima desses sujeitos.

Novamente, uma forma de trabalhar tal realidade é democratizando as relações escolares, em sobreposição ao autoritarismo. Conteúdos escolares e metodologias de ensino mais significativos, a busca pela construção de valores morais, relações interpessoais baseadas no respeito mútuo e o trabalho sistematizado de assembléias de classe e da escola podem seguramente reforçar a auto-estima das pessoas.

Isso, porém, não basta. São necessários também o resgate e a valorização dos aspectos positivos encontrados na personalidade de todos os seres humanos. A escola precisa resgatar e valorizar as habilidades de todos os membros da comunidade, incorporando tais habilidades e aspectos positivos como conteúdos a trabalhar no cotidiano das salas de aula.

Em suma, falo de uma escola prazerosa, que estudantes e docentes queiram freqüentar e na qual tenham prazer com o que fazem e desenvolvem diariamente. Uma escola cujos membros sintam que ela tem significado para suas vidas e que não existe apenas porque pode lhes ensinar a ler e a escrever, dando, pretensamente, condições de ascensão social. Enfim, uma escola que tenha sentido para a construção de personalidades autônomas e para o resgate e valorização da cidadania.

O autoconhecimento

"Conhece-te a ti mesmo." Essa afirmativa clássica reflete uma concepção epistemológica e psicológica de que o autoconhecimento é essencial para a vida humana. Conhecer a nós mesmos, construir uma auto-imagem o mais próximo possível da realidade são condições que nos permitem, enquanto sujeitos inseridos em um universo objetivo e subjetivo, viver uma vida mais saudável e equilibrada.

Sob a perspectiva de construção de personalidades morais autônomas e críticas, que vimos discutindo em todo este trabalho como condição para a cidadania e para a vida democrática, o autoconhecimento impõe-se como uma necessidade. Isso porque, em minha opinião, essa construção passa pela tomada de consciência de como o próprio sujeito se vê e também pela tomada de consciência de seus valores e sentimentos.

Ao ignorar essa dimensão da natureza humana na estruturação de seu currículo e nos objetivos da educação, em minha opinião a escola deixa aberta uma lacuna que impede a construção adequada da auto-imagem e da personalidade das crianças a quem lhe compete educar. Não vejo como formar o cidadão que não consegue enxergar a si mesmo enquanto sujeito individual mas vive em relação com as demais pessoas.

Apenas para dar alguns exemplos do que estou tentando dizer, penso que uma criança que não percebe que determinada ação que pratica incomoda ou prejudica aos colegas pode não estar preparada para exercer com plenitude a vida pública e política, podendo ser discriminada pela sociedade ou causar grandes prejuízos aos outros. Um professor ou professora que não percebe que suas ações e atitudes são autoritárias – e até acredite que sejam democráticas – pode contribuir para que a formação de seus alunos e alunas seja heterônoma, reforçando a construção de personalidades passivas que não se inserem plenamente na vida pública e política. Uma pessoa que não conhece seus próprios sentimentos e emoções pode apresentar comportamentos socialmente inadequados, que causem prejuízos para si mesma e para as pessoas à sua volta.

Entendemos que a construção de consciências autônomas passa pela construção de processos de auto-regulação que permitam ao sujeito dirigir a própria conduta; e passa também pela aquisição da sensibilidade necessária para perceber os próprios sentimentos e emoções morais e usá-los como componentes de procedimentos da consciência moral.

A escola pode e deve exercer um papel fundamental nesse processo de construção. Nossa proposta é que isso seja feito por meio do trabalho constante baseado em metodologias e conteúdos de aula que solicitem ao mesmo tempo a reflexão, a percepção e regulação dos próprios sentimentos e emoções, e o desenvolvimento da capacidade dialógica. A utilização, nas aulas, de metodologias como a dramatização, exercícios autobiográficos e de auto-regulação, técnicas como a clarificação de valores e os enfoques socioafetivos, como sugerem Puig (1998b) e Araújo & Aquino (2001), podem ser um caminho nessa direção.

Sua implementação cotidiana nas aulas regulares dos conteúdos tradicionais pode auxiliar nos processos de autoconhecimento, de construção de valores morais universalmente desejáveis e do auto-respeito, aspectos relevantes para o exercício competente da cidadania.

A gestão escolar

Por fim, chegamos ao tema da gestão escolar. A partir de todos os aspectos analisados até o momento, fica evidente que uma escola gerida de maneira autoritária não contribuirá para a formação de personalidades morais e para a construção do cidadão e da cidadã que acreditam plenamente na democracia.

Uma escola em que todas as decisões sejam centralizadas nas mãos de uma pessoa ou de um pequeno grupo, em que as regras de convivência e o projeto pedagógico já se encontrem predeterminados a partir dos valores e crenças de algumas pessoas não permite o diálogo e a reorganização constante dos tempos e espaços escolares com base na busca coletiva de novos e melhores caminhos para os desafios cotidianos. Não será fácil professores e professoras que vivem em ambientes autoritários, baseados em relações de heteronomia e de respeito unilateral, trabalharem a construção de valores relativos à autonomia e à democracia com seus alunos e alunas.

Não pretendo aqui discutir teorias sobre gestão democrática da escola, mas sim contribuir para a compreensão de que a construção desse tipo de gestão passa pela efetiva participação de todos os membros da comunidade escolar na definição das políticas que regulam os espaços de convivência coletiva e na elaboração dos projetos pedagógicos e administrativos. Isso, é evidente, sem perder de vista as relações assimétricas características da instituição escolar, que delimitam e definem as responsabilidades e os papéis de cada um de seus membros.

De que maneira promover esse tipo de ambiente escolar? Retomamos aqui o conceito de *assembléia* já discutido anteriormente. No âmbito da escola como um todo, um dos caminhos que visualizamos passa pela instituição das assembléias em dois níveis distintos: o primeiro é o de *assembléia de escola*, com a participação representativa de direção, docentes, estudantes e funcionários; o segundo é o de *assembléia docente*, com a participação de todos os professores e professoras e da direção da escola.

A responsabilidade da *assembléia de escola* é regular e regulamentar as relações interpessoais e a convivência nos espaços coletivos. Contando com a participação de representantes de todos os segmentos da comunidade escolar, busca discutir assuntos relativos a horários (chegada, saída, recreio), espaço físico (limpeza, organização), alimentação e relações interpessoais. Os representantes dos diversos segmentos (por exemplo, dois estudantes de cada classe, quatro docentes e quatro funcionários) são escolhidos obedecendo a uma sistemática de rodízio, de forma que no transcorrer do tempo todos os membros possam experienciar a participação no processo de tomada de decisões coletiva.

A responsabilidade da *assembléia docente* é regular e regulamentar temáticas relacionadas ao convívio entre docentes e entre esses e a direção, ao projeto político-pedagógico da instituição, a conteúdos que envolvam a vida funcional e administrativa da escola. Dela participam todo o corpo docente e a direção da escola.

A forma de funcionamento dessas duas assembléias é semelhante à que apontamos na *assembléia de classe* anteriormente, com a diferença de que esses momentos ocorrem uma vez no mês. A pauta também é elaborada com antecedência, e qualquer um de seus participantes pode indicar temas a serem discutidos. Enquanto na assembléia de escola cada classe e demais segmentos escolhem os assuntos que comporão a pauta mensal, na assembléia docente a iniciativa é individual e/ou de grupos de professores.

Com isso, atinge-se a dupla finalidade de promover a participação das pessoas nos espaços de tomada de decisão e de democratizar a convivência coletiva e as relações interpessoais. Uma escola que consegue promover a participação de toda a comunidade nos processos decisórios, por meio dos diversos tipos de assembléia que aqui discutimos, seguramente caminha para sua democratização efetiva e para a implementação da democracia participativa. Penso que a implementação de tais procedimentos promoverá a mudança nas relações de poder e a conseqüente construção da cidadania.

A complexidade e a democratização escolar

Nas últimas páginas descrevi sete aspectos que, pela minha experiência, interferem no processo de construção de escolas democráticas. Sua identificação e a discussão promovida, no entanto, precisam ser encaradas de forma coerente com as idéias de pensamento complexo expostas no primeiro capítulo. Conforme apontei, identificar tais aspectos e analisá-los de maneira disjuntiva, reducionista e formalizada não permitirá a compreensão de um fenômeno complexo como o da democratização escolar.

Isso significa que identificar o papel que têm os conteúdos escolares, a metodologia das aulas, o tipo e natureza das relações interpessoais, os valores, a auto-estima e o autoconhecimento dos membros da comunidade escolar e os processos de gestão da escola não é suficiente para compreender o fenômeno da democracia escolar e buscar a construção da cidadania participativa. É preciso entender que tais aspectos encontram-se relacionados entre si de tal maneira que podemos analisá-los isoladamente apenas na formalização que um texto escrito nos permite fazer.

Na realidade concreta, dentro da sala de aula, o professor trabalha um conteúdo que está ligado também à forma com que ele, professor, se relaciona com seus alunos e alunas. Isso pode solicitar ou não a construção de determinados valores na criança, assim como reforçar sua auto-estima e o autoconhecimento. Esses aspectos são permeados, ainda, pela forma com que se dão as relações dentro da escola, pela maneira com que essa escola é gerida por seus membros. Em suma, todos os fatos mencionados, e muitos outros não abordados, estão ocorrendo ao mesmo tempo, e não poderemos perder essa perspectiva se quisermos de fato compreender a realidade e criar estratégias que visem à democratização escolar.

No próximo capítulo apresentarei a experiência concreta de um processo de intervenção desenvolvido sob minha coordenação em uma escola pública do estado de São Paulo. Esse trabalho estava relacionado a um projeto de pesquisa intitulado *A construção de uma escola democrática* e durou dois anos letivos (1999 e 2000).

4

Um Projeto de Democratização Escolar

... a própria vida pode ser identificada como um contínuo pretender ser, uma tensão em busca de uma pretensão. Projetam, portanto, todos os que estão vivos, todos os que antecipam cursos de ação, os que concebem transformações de situações existentes em outras imaginadas e preferidas, elegendo metas a serem perseguidas, tanto em termos pessoais quanto em termos coletivos, o que situa a idéia de projeto no terreno próprio do exercício da cidadania.

Machado, 2000, p. 1

Iniciei este livro relatando um projeto de pesquisa que desenvolvi em 1992 sobre as relações entre o ambiente escolar democrático e o desenvolvimento do juízo moral na criança. Desde então o tema dos valores morais e da democracia na escola fizeram parte de minha experiência profissional como pesquisador e como professor de cursos de formação de professores. Foi nessa trajetória de dez anos que os sete aspectos citados no capítulo anterior foram se estruturando para dar sentido a um projeto de investigação que desenvolvi durante os anos de 1999 e 2000.

Queria estudar o processo de democratização de uma instituição escolar que se dispusesse a reorganizar os espaços, os tempos, os conteúdos e as relações interpessoais. O objetivo era encontrar uma comunidade escolar que aceitasse repensar os conteúdos ministrados e a metodologia das aulas, que encarasse o desafio de estabelecer o espaço das assembléias de classe, escola e docente, propiciando as condições para uma transformação das relações interpessoais e da gestão da escola. Tudo isso com a consciência de que se estaria atuando também na construção de valores morais e na promoção da auto-estima e do autoconhecimento de todos os membros da comunidade.

Em fevereiro de 1999 fui procurado pela Secretaria de Educação de um município do interior do estado de São Paulo[11]. Ela pedia assessoria para a implementação de um projeto político-pedagógico que reorganizasse sua pequena rede de ensino, tendo entre seus objetivos a implementação de procedimentos mais democráticos. Na verdade, eles tinham uma única escola municipalizada e salas rurais vinculadas a ela. O corpo docente era composto de cinqüenta professores e professoras, que atendiam a mais de mil alunos e alunas das quatro primeiras séries do ensino fundamental.

Decidi conhecer a rede de ensino do município e percebi, de imediato, que aquele grupo de docentes já estava começando a fugir do sistema tradicional de ensino. Em minha visita, conheci professoras que não limitavam seu trabalho ao espaço físico da sala de aula, que levavam seus alunos e alunas para ter aulas em outros ambientes, e um grupo que demonstrava grande interesse em aprender coisas novas. Enfim, esse primeiro

11 Para preservar a privacidade das pessoas envolvidas, decidi não citar o nome do município e de alguns dos personagens que serão citados neste capítulo.

contato me deu a impressão de que aquele seria um terreno promissor para enfrentar o desafio que pressupunha a implementação do projeto que havia estruturado.

Com apoio integral da Secretaria Municipal de Educação e da direção da escola, decidi coordenar o trabalho que visava à democratização daquela escola e à construção de personalidades morais competentes para o exercício da cidadania.

Abro um parêntese a fim de ressaltar a importância do apoio da Secretaria de Educação para que um trabalho de democratização de escolas dê bons resultados. Digo isso porque nos meses anteriores havia iniciado um projeto semelhante em uma escola de outro município e, sem o apoio explícito do poder público, o comprometimento da escola e dos docentes deixou muito a desejar, o que me levou a suspender sua implementação no meio do caminho. Ficou, como experiência, a impressão de que um trabalho que mexe de maneira profunda com a estrutura da escola pública só é possível quando se conta com o apoio político e material explícito dos órgãos gestores da educação. Começou na época a ruir em mim aquela visão, que hoje considero ingênua, de que as mudanças na escola precisam começar das bases para, a partir das conquistas de um grupo pequeno, se estender para toda a comunidade.

Voltando ao projeto, o trabalho começou em maio de 1999, com um curso de capacitação ministrado a todos os cinqüenta professores e professoras. Para que todos estivessem presentes, um dia no mês a escola suspendia as atividades acadêmicas. Realizávamos, então, um encontro de oito horas seguidas que eram divididas em quatro momentos distintos mas interligados: um para estudo de textos que subsidiariam o trabalho; um para discussão de temas livres, que se transformou posteriormente nas assembléias docentes; um momento de prática de novas técnicas e metodologias de aula; e outro para a troca de experiências das práticas docentes desenvolvidas naquela escola.

Todo esse trabalho visava apresentar conceitualmente os sete aspectos discutidos no capítulo anterior e propor caminhos alternativos para a reorganização e reestruturação da escola. Os pressupostos dos chamados temas transversais em educação, os métodos e técnicas de ensino transversal — que solicitariam o trabalho com valores, a auto-estima e o autoconhecimento — e os princípios das assembléias eram as temáticas abordadas. Permeando todo o trabalho, eram discutidas a constituição multidimensional da natureza humana, apontada anteriormente, e as características do mundo objetivo e subjetivo em que o ser humano está inserido.

Paralelamente a esse curso e integrando o programa de capacitação, outra pesquisadora[12] freqüentava a escola um dia por semana em horário regular de aulas para assessorar direta e individualmente os docentes que quisessem introduzir no cotidiano de suas salas de aula os conhecimentos que vinham sendo trabalhados nos encontros mensais. Era o momento em que os professores e professoras que queriam mudar sua prática docente tinham a oportunidade de contar com um interlocutor privilegiado para lhes ajudar em suas dúvidas, angústias e questionamentos. Muitas vezes, quando desejavam aplicar uma nova técnica de aula ou introduzir temas como ética e sexualidade nos conteúdos que estavam trabalhando e não se sentiam muito seguros, pediam ajuda à assessora que lhes acompanhava durante a aula.

12 Esse trabalho foi desenvolvido pela Profa. Dra. Valéria Amorim Arantes de Araújo.

Enfim, no primeiro ano de trabalho, cujo objetivo era iniciar a capacitação docente segundo os objetivos do projeto, coordenamos o estudo teórico com a troca de experiências e a introdução lenta e gradual das propostas de reorganização dos espaços, dos tempos, dos conteúdos e das relações interpessoais.

Vale a pena ressaltar que nossa filosofia de trabalho buscava respeitar o tempo e as crenças de cada docente da escola. Apesar da capacitação oferecida, a implementação das mudanças em sala de aula e na escola somente ocorria quando o próprio professor ou professora decidia por isso. Ninguém era obrigado e/ou cobrado a introduzir em sua prática os conceitos que vinham sendo estudados. Mesmo após o final do segundo ano do projeto, muitos professores continuavam a dar as mesmas aulas que antes, e sempre foram respeitados em sua opção. Acreditávamos que nosso papel ali, como pessoas *externas* à escola, era apoiar e subsidiar os docentes que acreditavam e queriam construir práticas mais democráticas. Para ser coerentes, não podíamos de maneira autoritária impor nossa forma de pensar a outras pessoas. O que podíamos e devíamos tentar era a transformação da escola, despertando o desejo de mudança das pessoas a partir dos ideais da democracia e da cidadania.

Para isso, sentíamos falta de mais espaços para o trabalho e um melhor apoio aos docentes. Entramos então com um pedido de apoio financeiro junto à Fapesp[13], solicitando recursos que nos permitiriam ampliar o projeto e garantir a participação de outros profissionais na capacitação dos docentes da escola.

13 Fundação de Apoio à Pesquisa do Estado de São Paulo.

A aprovação do projeto pela Fapesp ocorreu em novembro de 1999 e propiciou uma mudança significativa nos rumos do trabalho para o ano de 2000. Com os recursos garantidos, além de termos adquirido vários equipamentos para a escola, como filmadora, retroprojetor, máquina fotográfica digital, videocassete e encadernadora, três grandes novas áreas de atuação foram incorporadas ao trabalho: novos profissionais, mestrandos e doutorandos vinculados a diferentes grupos de pesquisa da Faculdade de Educação da Universidade Estadual de Campinas — Unicamp foram convidados a auxiliar na orientação e capacitação dos professores e professoras; instalou-se um laboratório de informática na escola; foram concedidas 23 bolsas de estudo para os docentes que quisessem desenvolver projetos de pesquisa.

Além de manter para o ano de 2000 a mesma estrutura de capacitação iniciada em 1999 — um encontro mensal de oito horas com o coordenador do projeto e outras oito horas semanais de assessoria durante o período regular de aulas —, com nosso apoio a Secretaria Municipal de Educação tomou uma iniciativa que alterou definitivamente a cara do projeto: ofereceu a todos os professores que quisessem participar de outras oito horas semanais de capacitação, em horário inverso ao que passavam em sala de aula, uma complementação salarial correspondente a essa carga horária suplementar. A adesão era livre, e isso significava que os que optassem também por uma bolsa de estudos da Fapesp poderiam ter um incremento salarial de mais de 80%, para estudar e participar dos cursos de formação em serviço. A adesão espontânea ocorreu em fevereiro de 2000; dos cinqüenta professores e professoras da escola, 33 optaram pela carga suplementar e 23 pelo desenvolvimento de projetos de pesquisa.

Com isso, consideramos que havíamos estabelecido uma parceria séria e promissora com o poder público que garantia àqueles professores e professoras condições únicas e excepcionais de trabalho. De tudo que já havia estudado sobre formação de professores em serviço, acreditava que tínhamos atingido condições próximas das ideais: uma capacitação em serviço que garantia pelo menos doze horas semanais de atividades remuneradas; a possibilidade de o professor desenvolver pesquisas relacionadas a sua prática docente; o respeito ao tempo de trabalho de cada docente e a possibilidade de adesão voluntária aos projetos, sem a imposição autoritária de que deveriam assumir concepções de educação com as quais não estivessem de acordo; uma boa base de assessoria acadêmica, fornecida por profissionais de reconhecida competência nos temas abordados; apoio e sustentação da Secretaria de Educação e da direção da escola para qualquer inovação político-pedagógica; garantia de recursos materiais, tecnológicos e de infra-estrutura para o pleno desenvolvimento das atividades pedagógicas da escola.

Partindo dos pressupostos que já vinham sendo trabalhados havia quase um ano e consultando a comunidade escolar sobre que tipo de assessoria gostariam de receber, estruturamos um programa de capacitação em serviço em que estávamos presentes na escola durante três dias da semana: terças, quartas e quintas-feiras. Nas terças e quintas-feiras os professores e professoras que haviam optado pela carga suplementar foram divididos em dois grupos para participar dos encontros de oito horas de capacitação, no período inverso ao que passavam em sala de aula. Nas quartas-feiras os encontros eram organizados para todos os cinqüenta professores e professoras da escola, no horário regular.

Os temas abordados nas assessorias e o trabalho de capacitação em serviço foram assim estruturados:

TERÇAS-FEIRAS: dedicadas ao trabalho com as novas tecnologias, pois entendemos que o acesso a elas é condição essencial para a inserção das novas gerações na vida política e pública da sociedade. Ou seja, é condição essencial para a cidadania. O trabalho desenvolvido foi o "Projeto Eureka — Formação continuada em serviço para uso de novas tecnologias". Com carga horária semanal de quatro horas para cada grupo de professores, objetivou-se trabalhar o uso do computador em sala de aula e os novos recursos tecnológicos como instrumento pedagógico. Esse trabalho esteve sob a coordenação da Profa. Dra. Afira Viana Ripper, coordenadora do Laboratório de Estudos em Informática Aplicada — Leia —, da FE/Unicamp, e os assessores responsáveis foram a Profa. Dra. Maria Cândida Müller e o Prof. Ms. José Mário Aleluia Oliveira.

QUARTAS-FEIRAS: nesses dias, durante o horário regular de aulas, três tipos diferentes de atividades eram desenvolvidos, com a seguinte configuração:

- Em uma quarta-feira do mês as aulas eram suspensas na escola para que os cinqüenta professores pudessem estar presentes em um curso de capacitação ministrado pelo coordenador do projeto, com duração diária de oito horas (a estrutura desses encontros foi explicitada anteriormente).
- Em duas quartas-feiras do mês a Profa. Dra. Valéria Amorim Arantes de Araújo, da FE/USP, dava assessoria aos diferentes grupos de professores de cada série. O horário da escola foi

montado de forma que durante cada hora, nas quartas-feiras, todos os professores de uma determinada série estivessem ao mesmo tempo fora da sala de aula. Assim, por exemplo, das 8 às 9 horas da manhã, as três professoras da primeira série estavam sem aulas e podiam se reunir com a assessora para sanar dúvidas sobre o desenvolvimento de seu trabalho e para tentar articular os projetos de trabalho de maneira transversal e interdisciplinar. Era um momento fundamental em nosso projeto e, apesar de não haver um conteúdo único sistematizado nem planejamentos previamente elaborados, aqui se tentava promover a articulação entre os diversos conteúdos da escola e os conteúdos desenvolvidos nas demais assessorias, a partir do material trazido pelos professores.

- Em uma quarta-feira do mês ocorria a assessoria sobre conteúdos de matemática, com uma hora para cada grupo de professores, de cada série, coordenado pela Profa. Ms. Miriam Sampieri Santinho.

QUINTAS-FEIRAS: cada quinta-feira do mês contava com o desenvolvimento de um subprojeto, em que profissionais prestavam assessorias sobre temas escolhidos pela escola:

- *Projeto Orientação Sexual*. Com carga mensal de quatro horas para cada grupo, tinha entre seus objetivos capacitar as professoras considerando o desenvolvimento psicossexual das crianças, a relação entre o desenvolvimento afetivo e o comportamento sexual, os papéis de gênero, as implicações da gravidez indesejada e o risco de contaminação pelo HIV e por outras doenças sexualmente transmissíveis; avaliar as conseqüências da intervenção no processo educacional e pesquisar atitudes, valores e influências sociais que fazem parte da construção da sexualidade. Esse trabalho esteve sob a coordenação da Profa. Dra. Ana Maria Faccioli de Camargo, do Grupo de Estudos Interdisciplinar sobre Sexualidade Humana — Geish —, da FE/Unicamp e foi desenvolvido pela Profa. Dra. Cláudia Maria Ribeiro Andrade, da UFLavras.

- *Projeto "A abordagem da temática ambiental na escola"*. Com carga mensal de quatro ou oito horas para cada grupo, tinha como objetivo principal a produção de conhecimentos com base na reflexão e problematização coletiva da prática pedagógica e na literatura sobre educação ambiental, numa perspectiva de ambiente como tema gerador, integrador e unificador da aprendizagem. A coordenação do projeto foi do Prof. Dr. Ivan Amorosino do Amaral, do Grupo de Estudos e Pesquisas em Formação de Professores na área de Ciências — Formar —, da FE/Unicamp, e foi desenvolvido pela Profa. Ms. Susana de Oliveira Dias.

- *Projeto de Comunicação e Expressão*. Com carga mensal de quatro ou oito horas para cada grupo, tinha entre seus objetivos: refletir sobre o significado do ensino da língua portuguesa, entendendo sua característica de expressão e comunicação; discutir e apresentar princípios educacionais voltados para o desenvolvimento da expressão e comunicação infantil; e refletir sobre o caráter social do domínio da linguagem, compreendendo sua importância para o exercício pleno da cidadania. O trabalho foi desenvolvido pela Profa. Gláucia de Melo Ferreira, diretora da escola Curumim de Campinas, especialista na Pedagogia Freinet e mestranda da FE/Unicamp vinculada ao Grupo de Estudos e Pesquisas em Educação Continuada — Gepec.

Uma questão permeava todas as discussões de organização do projeto de pesquisa. Ao abordar, nas assessorias, temáticas tão diferentes relacionadas a conteúdos tradicionais e aos chamados conteúdos transversais, como articulá-los de maneira coerente aos objetivos propostos? Se por um lado, desde o primeiro momento, propusemos que tal articulação se daria por meio de novas técnicas e métodos de aula, baseando-nos nas propostas de Puig (1998b) e Busquets *et al* (1997) a partir do final de 1999 introduzimos na escola também a metodologia dos *projetos de trabalho* e de *planejamento em rede.*

Esses princípios foram adotados por todas as assessorias, e com isso os professores e professoras foram descobrindo que podiam lidar com os conteúdos de maneira não-fragmentada. Foram vendo que podiam trabalhar em um mesmo projeto, desenvolvido com seus alunos, por exemplo os conteúdos de língua portuguesa e matemática com o tema do meio ambiente, utilizando os recursos da informática e da internet para a produção dos textos e dos livros que relatavam os resultados. Foram percebendo que em um projeto sobre horta, que envolvia também educação artística e a produção de textos, podiam promover o resgate da auto-estima de alunos com dificuldades de aprendizagem. A metodologia de projetos é que permitia a articulação dos conteúdos a serem trabalhados na sala de aula, mostrando aos docentes que o que estávamos propondo não significava que teriam de abrir mão dos conteúdos tradicionais da escola.

Em nosso trabalho não seguíamos nenhum modelo específico de metodologia de projetos. A interpretação desse princípio era livre, de acordo com as necessidades do momento e dos interesses específicos das assessorias e dos professores e professoras em cada projeto trabalhado. Isso significa que havia projetos com uma aula de duração, outros que duravam uma semana ou alguns meses, e a melhor maneira de desenvolvê-los era decidida pelo docente. Nossa decisão foi deixar o professor criar e não amarrá-lo em modelos metodológicos específicos. Isso mostrou ser uma grande fonte de enriquecimento dos trabalhos e de criatividade e será mais bem explorado no próximo capítulo.

Outra questão que sempre permeava nossas discussões era a respeito de como trabalhos tão diversificados, desenvolvidos por pessoas diferentes, se articulariam com os objetivos de abordar os sete aspectos que definimos como essenciais para a democratização da escola. À primeira vista, propiciar assessorias de língua portuguesa, sexualidade, matemática, meio ambiente e informática pode dar a impressão de que mais uma vez estaríamos fragmentando o conhecimento, vendo-o de forma disjuntiva e reducionista. O que fazer para que nossa prática não se tornasse incoerente com nossos pressupostos teóricos e epistemológicos?

A equipe montada para o desenvolvimento do projeto era formada por pessoas de diferentes formações profissionais e pertencentes a vários grupos de pesquisa da Unicamp. Apesar de cada um ir até a escola com os objetivos específicos de sua área de atuação, sabíamos que no trabalho de cada assessor os pressupostos enunciados permeariam todas as discussões. Assim, além do princípio da não-fragmentação e da articulação que deveria ocorrer com os demais conteúdos, as discussões e projetos a serem desenvolvidos promoveriam uma reorganização dos conteúdos e metodologias de aula. As atividades estariam imbuídas de preocupações com a ética, com a auto-estima e o autoconhecimento dos alunos, e todos tinham claro para si que as propostas de trabalho objetivavam a democratização das relações entre professores e alunos, enfatizando a mudança de postura dos professores em relação ao seu papel na escola e em relação ao papel dos estudantes na definição dos conteúdos a abordar.

Mais uma vez em nossa discussão, embora as ações específicas objetivassem atuar prioritariamente sobre um determinado aspecto do conhecimento, por trás de cada proposta havia a consciência do todo e a lembrança de que cada ação não era um fim em si mesma. Ela se articulava com um projeto mais amplo que estava sendo desenvolvido simultaneamente na escola.

Paralelamente a todo esse trabalho, porém, havia outras frentes de intervenção articuladas com o objetivo de construção de uma escola democrática. A primeira era a das assembléias. A segunda, a dos projetos de pesquisa desenvolvidos por vinte docentes.

Começamos as assembléias escolares com a *assembléia docente*, ainda no final de 1999. Com pautas livres elaboradas pelos docentes e pela direção, ela ocorria uma vez ao mês, sob minha coordenação em um primeiro momento e sob coordenação dos próprios professores a partir de junho de 2000. Na estrutura criada, cartazes eram afixados na sala dos professores durante a semana anterior à assembléia, e neles podiam-se apontar temas a ser debatidos pelo grupo, assim como felicitar pelas coisas positivas que estavam ocorrendo na escola. Esse espaço promoveu de maneira substancial o grau de democratização da instituição.

Além do objetivo, já explicitado, da assembléia docente de democratizar as relações na escola, pretendíamos também demonstrar aos professores e professoras um modelo de assembléia que os ajudasse a iniciar sua aplicação em sala de aula e na escola.

A partir de abril de 2000 um grupo de quatro professoras iniciou o trabalho de assembléia em suas classes, e a partir de maio a direção da escola iniciou as assembléias de escola, uma para o período matutino e outra no vespertino. A forma de organização foi a que apresentamos nos capítulos anteriores.

Como apontamos, cada docente tinha liberdade de decidir o que de nosso projeto incorporaria em sua prática, e quando faria isso. A prática das assembléias foi algo muito discutido, e sempre salientávamos que precisava ser feito com muita consciência e cuidado. Sua implementação mexe de maneira radical com as relações de poder dentro da sala de aula, e cada docente deve estar preparado para isso. Embora todos os professores e professoras tivessem de encontrar alguma maneira de definir com sua turma os assuntos que os representantes levariam para a assembléia de escola, nem todos faziam as assembléias de classe da forma sistematizada proposta, de ocorrência semanal.

De qualquer maneira, a partir das experiências positivas relatadas pelas quatro professoras que se dispuseram a iniciar o processo, consideramos significativo que no final do ano de 2000 tínhamos 25 professoras fazendo assembléias semanais em suas classes. Com isso, a escola conseguiu implementar os três níveis de assembléia propostos em nosso projeto: *assembléia docente*, *assembléia de escola* e *assembléia de classe*.

A segunda frente para a construção de uma escola democrática era a dos projetos de pesquisa, e foi uma fonte muita rica de experiências. Sob minha orientação direta e das assessorias, 23 professores e professoras quiseram pesquisar algum aspecto de seu cotidiano escolar, relacionados à construção dessa escola. As temáticas que escolheram foram bem variadas, e algumas serão apresentadas com detalhes no próximo capítulo deste livro. No geral, ressalto que a possibilidade que alguns docentes tiveram para pesquisar a própria realidade promoveu mudanças significativas na escola. Várias idéias e crenças puderam ser verificadas empiricamente, saindo do plano das discussões de senso comum que costumam permear o cotidiano das escolas e permitindo novos olhares sobre a realidade.

Alguns projetos foram individuais, mas outros, em que as temáticas se aproximavam, foram compartilhados por dois ou três colegas. Os temas escolhidos foram:

- *"Projetos de trabalho — o enriquecimento da própria experiência"*. As duas coordenadoras pedagógicas acompanharam durante todo o ano, mês a mês, o trabalho de implantação da metodologia de *projetos* na escola. Nas entrevistas aplicadas os professores eram perguntados sobre os projetos desenvolvidos, os objetivos alcançados e sobre os sentimentos e emoções que eles e seus alunos tiveram durante os trabalhos.

- *Projeto "Qual o significado da escola"* seguiu o caminho inverso e foi ouvir os alunos e alunas, durante todo o ano, sobre como estavam percebendo a escola e as possíveis transformações que estivessem ocorrendo.

- *Projeto "Oficina de talentos"*. A oficina foi estruturada para receber no horário invertido em que freqüentavam a escola alunos e alunas com dificuldades de aprendizagem, mas também todos os que quisessem participar de atividades escolares "diferentes". Voltado para a criação de um espaço de não-estigmatização na escola, de resgate da autoestima, em que crianças de diferentes idades, com ou sem dificuldades de aprendizagem, convivessem juntas em trabalhos cooperativos que resgatassem o prazer na educação, sem abrir mão dos conteúdos escolares, esse projeto mostrou uma nova maneira de organizar a atividade pedagógica em sala de aula.

- *Projeto "Preconceito racial"*. Desde 1999, duas professoras de escola rural se queixavam do racismo contra negros que seus alunos demonstravam nas atividades e brincadeiras. Resolveram aproveitar a bolsa da Fapesp para desenvolver um trabalho voltado para isso, com resultados muito significativos.

- *Projeto "Agricultura e meio ambiente"*. Desenvolvido com alunos de uma sala localizada num assentamento rural, promoveu a alfabetização a partir dos conteúdos do cotidiano, trabalhando a horta, a semeadura, a produção de ervas medicinais, de doces etc.

- *Projeto "Inclusão"*. Em 2000 extinguiu-se a sala especial que funcionava na escola, promovendo a *inclusão* em salas de aula regulares dos doze alunos considerados deficientes que a freqüentavam. Dois professores se dispuseram a acompanhar o processo de integração/inclusão desses alunos, investigando seu reflexo nos professores, alunos e família.

- *Projeto "Assembléias"*. Contou com a participação de quatro professoras que acompanharam e registraram todo o processo de implantação das assembléias em suas salas, e também com a diretora da escola, que acompanhou e registrou o processo de implantação da assembléia de escola.

- *Projetos de temáticas específicas*. Nesta categoria tivemos a participação de cinco professoras que acompanharam sistematicamente o impacto que as assessorias de matemática, sexualidade, comunicação e expressão e as novas tecnologias tiveram no cotidiano da escola.

A partir da explicitação das características dos projetos de intervenção que elaboramos para a construção de escolas democráticas, pode ser observada a complexidade inerente à questão. Diante da diversidade dos instrumentos e perspectivas de análise, não é possível enquadrar em um único modelo a metodologia empregada nos projetos.

Simultaneamente, ocorreram ações que tinham como objetivo explícito a formação continuada em serviço dos professores e professoras. Tais ações não seguiam um único modelo, mas eram articuladas por princípios comuns e permeadas pelo objetivo de integrar os sete aspectos que apontamos em nosso trabalho como fundamentais no processo de construção da democracia e da cidadania. Ao mesmo tempo, desenvolvemos um trabalho consistente de democratização e participação de todos os membros da comunidade escolar nos processos de tomada de decisão. Além disso, foi incentivada a formação do professor-pesquisador, que reflete sobre a realidade em que está inserido e sobre sua própria prática pedagógica, buscando encontrar melhores formas de promover a instrução e a formação de seus alunos e alunas.

Penso que somente a idéia de complexidade é capaz de dar um sentido epistemológico e teórico a tudo que acabamos de descrever. Ao mesmo tempo que objetivamos ações pontuais sobre algumas partes que compõem o cotidiano escolar, tais aspectos parciais estavam de tal maneira inter-relacionados que se torna impossível, neste momento, perceber o que é a parte e o que é o todo. Pode-se centrar a atenção sobre as diferentes ações que foram desenvolvidas e perceber avanços parciais sobre determinados objetivos enumerados separadamente, mas também é possível visualizar o todo e perceber que por trás de uma aparente desordem e confusão de ações e procedimentos existiam princípios que davam sentido e ordem à totalidade do projeto.

O princípio articulador era a busca da efetiva democratização do espaço escolar e a busca da instrução e formação de futuros cidadãos e cidadãs. Permeando esse princípio central, havia outros que funcionavam dando novos sentidos às ações desenvolvidas. Um primeiro era a preocupação com a construção de personalidades morais competentes para lutar por justiça, igualdade e eqüidade, a partir de valores universalmente desejáveis. Um segundo era a consciência de que os procedimentos adotados vinculavam-se a estratégias de ação[14] e não a programas previamente definidos. Isso dava aos pesquisadores e aos docentes liberdade e autonomia para reorganizar e redirecionar os trabalhos a qualquer momento, sempre que a realidade e a necessidade solicitassem. Foi tal princípio que fez a pesquisa ser metodologicamente *viva*, aberta às incertezas que subjazem à complexidade da escola, contribuindo para que a investigação não chegasse ao ponto pre-

14 Ver Morin, 2000.

visto no início do projeto e sim aonde a realidade e os dados a conduzissem.

Concluindo este capítulo, espero ter passado ao leitor ou leitora uma visão de como a idéia de complexidade pode ser empregada na intervenção sobre o cotidiano escolar, evitando a disjunção e a redução que normalmente caracterizam algumas práticas consideradas inovadoras. Reconhecendo tal princípio e sendo coerente com ele, nos próximos dois capítulos tentarei demonstrar que esse caminho não é linear, apresentando histórias tanto sobre mudanças quanto de resistências, de indivíduos e de grupos. Discutiremos as ambigüidades da natureza humana e como os valores e as situações contextuais interferem nos projetos individuais e coletivos.

5

Histórias sobre Mudanças*

Neste capítulo tentaremos descrever e analisar algumas das mudanças que ocorreram na prática pedagógica das professoras que participaram da *construção de uma escola democrática*, assim como as transformações nos espaços, tempos e relações interpessoais vivenciadas na escola alvo do projeto. Será nosso objetivo, também, apresentar dados sobre as experiências que a implementação das *assembléias* proporciona para o processo de democratização escolar, e no final do capítulo apresentaremos alguns dos resultados da pesquisa que gerou o presente trabalho e que corroboram o que vimos discutindo até o momento neste livro.

Para iniciar a discussão, deixemos as próprias professoras relatarem suas histórias de mudanças, ou melhor, suas experiências no desenvolvimento de projetos de trabalho em sala de aula e os resultados obtidos com seus alunos e com elas próprias.

A linguagem das histórias em quadrinhos

Isis Beatriz Scolari

Saber ler e escrever é, sem dúvida, fundamental não apenas para a aquisição de conhecimento na escola, mas também para o exercício da cidadania. Entretanto, para que a leitura e a escrita aconteçam e se desenvolvam de forma significativa, é importante

* Este capítulo foi escrito em co-autoria com a Profa. Cristina Satiê de Oliveira Pátaro.

que o professor promova situações em que esses processos tenham caráter significativo e prazeroso.

A história em quadrinhos é o gênero literário mais aceito pelas crianças e pode se tornar uma excelente ferramenta de trabalho em sala de aula. Os quadrinhos, além de proporcionarem prazer e entendimento da história lida, constituem uma fascinante demonstração da criatividade humana.

Diante disso, elaborei um projeto que pretendeu utilizar as histórias em quadrinhos para trabalhar a leitura, a escrita e também outros temas relacionados às demais disciplinas da escola. Esse projeto foi desenvolvido no período de um mês e meio, com alunos de terceira série.

A escolha do tema foi realizada em conjunto com as crianças da turma, as quais, para minha surpresa, demonstraram muito interesse em trabalhar com histórias em quadrinhos. Confesso que foi um grande desafio colocado a mim como professora, pois nunca havia estudado esse tema antes; assim, a partir de então, tive de ir em busca de materiais para desenvolver o projeto: pesquisei em revistas, bibliotecas, na internet. Foi um excelente momento de aprendizado para mim!

A seguir, apresento as principais atividades que fizeram parte do projeto que desenvolvemos:

- *Selecionei uma história em quadrinhos da Turma da Mônica, de Maurício de Souza. Entreguei uma cópia a cada criança, com as falas em branco, para que cada um pudesse criar sua história a partir da interpretação das cenas, das expressões dos personagens. Coloquei uma cópia da história original virada para a lousa, para que ninguém pudesse enxergar, e fiz um "suspense": pedi que, primeiro, as crianças escrevessem suas histórias, para que depois pudéssemos comparar com a de Maurício de Souza. Isso aguçou a curiosidade da turma, que se empenhou ainda mais na criação.*

- *Fizemos a transformação da história em quadrinhos para texto narrativo. Nesse momento, pude apresentar às crianças alguns conceitos como o uso correto dos travessões, da pontuação, do parágrafo, e outros aspectos relacionados ao texto narrativo. A partir disso, cada um corrigiu a atividade de um colega.*

- *Selecionei uma história em quadrinhos do Menino Maluquinho, de Ziraldo, deixei os balões em branco e pedi que, mais uma vez, as crianças criassem suas próprias histórias a partir apenas dos desenhos dos personagens. Em seguida, as crianças fizeram novamente a transformação da história em quadrinhos para o texto narrativo, e eu pude tirar as dúvidas que ainda restavam a esse respeito.*

- *Fomos pesquisar a vida do autor Maurício de Souza e como ele criou cada um dos personagens da Turma da Mônica. As crianças pesquisaram também em casa, com o auxílio dos pais. Com os dados em classe, cada aluno escreveu em um cartaz uma informação que havia descoberto a respeito de Maurício de Souza e seus personagens, e assim formamos coletivamente a vida do autor.*

- *Entreguei às crianças parte de uma história da Mônica, chamada "As amigas inseparáveis", sem mostrar a elas o final. Pedi aos alunos que criassem o desfecho da história, desenhando os quadrinhos segundo os padrões de um gibi de verdade.*

- *Fizemos, em classe, um levantamento de todos os personagens conhecidos pelas crianças. Primeiramente, cada dupla escreveu em um papel aqueles de que lembrava, e ao final fizemos um cartaz com todos os personagens que as crianças conheciam: conseguimos, ao todo, 33 personagens.*

- *Escrevemos em pequenos papéis o nome de todos os personagens conhecidos e colocamos em um saquinho, para que cada aluno pudesse sortear um. Assim, cada criança desenhou individualmente o personagem sorteado, procurando retratar exatamente as características dele.*

- *Falamos sobre onomatopéias. Para explicar a elas, procuramos juntos no dicionário o significado da palavra. Em seguida, pedi às crianças que, individualmente, identificassem as onomatopéias nos gibis. Ao final, cada uma leu as suas para os colegas.*

- *Pegamos diversos gibis e começamos a analisar os diferentes tipos de balões utilizados nas histórias em quadrinhos e o significado de cada um. Procuramos identificar, juntos, o que expressa cada um dos tipos de balões existentes: idéias, sonhos, pensamentos, fala. As crianças demonstraram bastante entusiasmo na realização dessa atividade.*

- *Cada aluno recebeu uma cartela de bingo com os espaços em branco, que foram preenchidos pelas crianças com os nomes de doze personagens criados por elas. Em seguida, cada aluno trocou sua cartela com um colega, e brincamos de Bingo de Personagens. Essa atividade foi bastante esperada por todos. Foi o momento em que as crianças puderam criar novos personagens, com características próprias, de acordo com sua imaginação. Saíram, ao todo, 33 personagens supercriativos!*

- *Em outro dia, cada criança pôde elaborar sua própria tirinha, e solicitei que retratassem um conflito e uma solução para ele. Assim, as crianças foram levadas a refletir sobre os sentimentos suscitados por situações de conflito e a buscar alternativas para resolvê-las.*

- *Elaboramos uma enquete para ser feita com a comunidade, contendo sete perguntas relacionadas à leitura e compra de gibis: se os adultos lêem gibis, se compram para as crianças, qual o preço das revistas em quadrinhos... Essa pesquisa foi realizada com pessoas de 12 a 55 anos.*

- *Fizemos juntos a tabulação de cada uma das questões da enquete. Nesse momento, pudemos trabalhar com gráficos matemáticos, e tudo foi realizado de maneira bastante prazerosa.*

- *Na sala de informática, as crianças fizeram diferentes atividades: cruzadinhas, diagramas, pegadinhas, procurando conhecer melhor os personagens da turma da Mônica.*

- *Por fim, procurei trabalhar, junto das crianças, os sentimentos. Pedi aos alunos que escrevessem quatro sentimentos, bons ou ruins, que haviam tido com relação ao trabalho e todas as atividades. Foi um momento de desabafo, em que as crianças puderam ser sinceras, ao mesmo tempo em que eu tive a oportunidade de me avaliar e de avaliar o projeto desenvolvido.*

A partir dessa experiência, pude perceber que os gibis auxiliam muito no desenvolvimento da leitura. Através dos desenhos dos quadrinhos, as crianças têm a possibilidade de compreender o significado das histórias sem a necessidade de um longo texto escrito, que ainda não seriam capazes de ler. Isso proporciona a elas a sensação de serem verdadeiros leitores, o que é fundamental no processo de alfabetização.

Além disso, pude perceber que, ao longo do desenvolvimento do projeto, as crianças se envolveram bastante com o trabalho, e a aprendizagem tornou-se, assim, mais prazerosa para todo o grupo.

Tenho certeza de que as experiências que vivemos juntos ao longo desse projeto ficarão registradas na vida de meus alunos e alunas, ajudando cada um deles a descobrir as encantadoras possibilidades que a leitura e a escrita nos proporcionam.

Decidi começar a discussão sobre as mudanças na prática pedagógica com o relato da professora Isis por uma razão básica: em geral, quando se fala em mudar a *cara* da escola, muita gente pensa que é necessário abandonar os conteúdos tradicionais, aqueles que, em nossa discussão, surgiram na cultura grega e foram criticados. Conforme apontamos anteriormente, não é possível pensar na cidadania nos dias de hoje sem que as pessoas dominem os conteúdos tradicionais, sem que se apropriem da língua escrita, da matemática, da história etc. Em nossa crítica, o que não se justifica é reduzir a educação a tais conteúdos em detrimento de outros tão importantes quanto eles.

Ficou evidente a preocupação da professora em não abandonar o trabalho com as normas *cultas* da língua portuguesa. Na escrita das histórias foi demonstrada sua preocupação em trabalhar corretamente os travessões, parágrafos, pontuações, a onomatopéia e o texto narrativo. A matemática também foi incorporada em suas estratégias, contextualizada no cotidiano da vida daquelas crianças e suas famílias, que compram e lêem esse tipo de revistas. A importância da história de vida das pessoas para a compreensão de suas vidas também não foi esquecida.

A professora Isis, no entanto, teve a preocupação de buscar maneiras mais interessantes de promover esse tipo de trabalho. Em primeiro lugar, partindo de uma forma lúdica, interessante para as crianças se relacionarem com o mundo: as histórias em quadrinhos. Tal estratégia foi muito bem justificada conceitualmente no final do relato, pela importância dada ao trabalho com textos curtos para que as crianças se sintam capazes de ler e escrever.

O mais importante em minha opinião, porém, não foi o emprego de *tirinhas* para o ensino da língua e da matemática, pois essas estratégias são bem conhecidas e não caracterizariam uma mudança na prática dessa professora. O grande salto qualitativo, a partir do que discutimos anteriormente, foi sua preocupação em inserir em seus objetivos de trabalho outros conteúdos não tradicionalmente abordados nas escolas. Estou me referindo ao fato de ter pedido às crianças que falassem de sonhos e idéias, de sentimentos bons e ruins; de ter pedido que criassem um conflito e apontassem maneiras de solucioná-lo.

Assim, perpassando transversalmente o ensino de conteúdos tradicionais da educação, a professora Isis conseguiu introduzir novos conteúdos em sua sala, propiciando condições para o autoconhecimento dos próprios sentimentos e emoções; abordou a ética a partir da resolução de conflitos e da busca por soluções dos conflitos cotidianos, ao mesmo tempo que demonstrou que em suas aulas as relações eram de respeito e de prazer, o que certamente refletia na auto-estima dos estudantes e na sua própria.

Enfim, o relato dessa professora demonstra como um projeto bem elaborado e bem desenvolvido pode transformar o sentido da educação. Se esse tipo de trabalho não for apenas casual mas ocorrer a todo momento e durante os vários anos de escolarização de crianças e adolescentes, poderemos ter novas gerações com as condições físicas, psíquicas, cognitivas, ideológicas e culturais necessárias ao exercício pleno da cidadania.

Antes de passarmos a outro relato, gostaria de chamar a atenção para um último aspecto na fala da professora Isis, um aspecto que estará sempre presente nas mudanças pedagógicas anunciadas pelas professoras que participaram deste projeto: a preocupação com o prazer nas práticas educativas. Afinal, quem inventou a idéia de que escola tem que ser uma coisa *chata*? Ressalto uma afirmação sua em que demonstra a consciência que tinha da importância de tornar o ato educativo prazeroso e a intenção de levar isso a cabo durante seu trabalho: "para que a leitura e a escrita aconteçam e se desenvolvam de forma significativa, é importante que o professor promova situações em que esses processos tenham caráter significativo e prazeroso".

Vejamos agora o relato de outra professora, que trilhou caminho semelhante a esse mas com outra turma da escola.

Descobrindo novas maneiras de trabalhar

Elaine Martiniuk

O trabalho que irei relatar ocorreu em uma 3ª série do Ensino Fundamental. A classe tinha fama de "problemática e terrível" desde a 1ª série, e, por conta disso, iniciei meu trabalho apreensiva e bem mais severa do que nos anos anteriores – quando diziam que eu era muito "boazinha". Não me envolvia muito com as crianças, com medo de perder a autoridade em sala de aula; minha relação com meus alunos e alunas era bastante complicada e as aulas, comuns e enfadonhas.

Foi a partir do trabalho com projetos que essa realidade começou a mudar. O primeiro projeto que realizei junto às crianças recebeu o nome de "Colocando a mão na massa", e seu objetivo foi o de trabalhar os conteúdos da 3ª série, especialmente a leitura e a escrita, através da confecção de diversas receitas culinárias.

As atividades realizadas nesse projeto foram as seguintes:

- *O primeiro passo foi a confecção do "Croque Sinhô", um tipo de sanduíche, a partir de uma receita que levei às crianças. Através dessa atividade, os alunos e alunas puderam ter um primeiro contato com um tipo diferente de texto escrito: as receitas culinárias. Depois de pronto o prato, pedi às crianças que reescrevessem a receita, da forma como sabiam.*

- *Distribuí para a classe algumas revistas de culinária, para que as crianças analisassem quais os componentes necessários para a escrita de uma receita. Após a análise desse material, solicitei aos alunos e alunas que revissem a receita que haviam escrito e fizessem as alterações necessárias para que o texto de fato se transformasse em uma receita.*

- *Fizemos outros pratos em classe e, ao longo da preparação dos alimentos, eu pude trabalhar com as crianças as unidades de medida. Para cada prato que confeccionávamos, os alunos e alunas, individualmente, registravam as receitas, descrevendo o preparo e ilustrando.*

- *Listamos os ingredientes usados em todas as receitas confeccionadas, e as crianças foram divididas em dois grupos. Cada grupo ficou encarregado de visitar um dos dois mercados do bairro para coletar os preços de todos os ingredientes listados.*

- *Com o resultado da pesquisa em sala de aula, fizemos uma tabela com os preços coletados e comparamos, juntos, qual dos dois supermercados tinha os preços mais em conta, qual a diferença de preços entre eles.*

- *Decidimos encerrar o projeto com uma confraternização entre classes: a nossa turma e outra turma de 3ª série que também havia desenvolvido o projeto "Colocando a mão na massa". Ao final, com todo esse material, elaboramos um livro de receitas da classe.*

Esse projeto foi o primeiro que desenvolvi junto a essa turma. A experiência foi tão positiva, que decidi continuar trabalhando dessa maneira em sala de aula.

No segundo semestre realizamos outro trabalho coletivo: o "Projeto Futebol". Esse trabalho teve um grande significado não apenas para mim – que passei a perceber que de fato minha relação com os alunos e alunas havia mudado –, mas principalmente para as crianças, que havia muito solicitavam um projeto com esse tema e participaram com muito interesse de cada uma das atividades desenvolvidas.

O objetivo do "Projeto Futebol" foi preparar um campeonato de futebol entre as 3ªs séries da escola. A turma deveria, portanto, empenhar-se na execução de todas as etapas necessárias para a concretização do campeonato, além de preparar uma exposição que apresentasse um pouco a respeito do futebol. Relato, a seguir, as atividades que fizeram parte desse projeto:

- *Em primeiro lugar, era necessária a autorização da direção da escola para que pudéssemos utilizar a quadra e convidar as outras classes para os jogos. As crianças sugeriram que fosse escrita uma carta para a diretora e, em grupos, os alunos e alunas elaboraram um modelo de carta conforme imaginavam que deveria ser.*

- *Trabalhei com as crianças alguns pontos importantes para a escrita de uma carta: a apresentação, os termos, a linguagem. A partir disso, cada grupo refez a carta que havia elaborado e encaminhamos todas elas para à diretora da escola.*

- *Com a autorização positiva da direção, prosseguimos com nossas atividades. Perguntei às crianças se futebol era apenas para os meninos ou se as meninas também poderiam jogar. Pedi a todos que colocassem seu ponto de vista, e, depois de discutirmos questões relacionadas a gênero, se existem esportes masculinos e femininos e a importância de todos participarem, ficou decidido que o campeonato seria para ambos os sexos.*

- *Para chamarem as outras turmas, as crianças decidiram confeccionar um convite por escrito. E, desta vez, cada criança produziu uma carta para ser encaminhada às outras classes.*

- *Falei às crianças da necessidade de regras e do planejamento para a concretização de um campeonato. Assim, coletivamente, estabelecemos algumas regras e o calendário para os jogos masculinos e femininos. Também definimos de que forma seria realizada a exposição sobre o futebol e agendamos uma data. Ficou decidido que a apresentação seria montada em uma sala, que receberia a visita de todas as turmas da escola.*

- *Pedi aos alunos e alunas que trouxessem de casa materiais para a preparação da exposição sobre futebol. Elas trouxeram livros, camisetas, taças. Em classe, a turma confeccionou cartazes com as informações coletadas.*

- *As crianças pesquisaram a história do futebol no Brasil e no mundo e apresentaram a biografia de algumas personalidades do esporte. Ainda para a exposição, a turma teve a idéia de realizar uma enquete perguntando aos alunos e alunas da escola qual o time brasileiro preferido. Em seguida, os dados foram tabulados e as crianças confeccionaram um gráfico.*

- *Para a exposição, a turma foi dividida em grupos, com responsabilidades diferentes: confeccionar convites para as outras classes, passar em todas as turmas da escola explicando a exposição e distribuindo o convite, orientar as crianças de outras salas na hora de visitar a exposição.*

- *No dia da exposição, as crianças estavam muito entusiasmadas e preocupadas em se organizar para que tudo corresse bem: uma turma buscava as classes e guiava os alunos e alunas até a sala da exposição. Lá, eles mesmos organizavam as filas, enquanto outra turma estava encarregada de explicar cada cartaz exposto. Percebi que as crianças ficaram muito contentes em poder mostrar para a escola toda um trabalho que elas haviam realizado.*

- *Com o decorrer dos jogos do campeonato, as crianças tiveram a idéia de produzir, a cada rodada, textos informativos retratando como havia sido cada jogo. Assim, confeccionaram um jornal do campeonato de futebol, com as informações de todos os jogos.*

Nesse projeto, o envolvimento de cada aluno e aluna da classe foi completo. Todos queriam ver o sucesso da turma na exposição e nos jogos, e sentiam-se orgulhosos em receber os elogios de toda a escola. A classe, antes considerada "terrível", ganhou a admiração das outras turmas e até mesmo da própria direção da escola, o que contribuiu muito para a auto-estima de cada criança que participou do projeto.

Se pretendemos que uma escola para todos não fique apenas no papel impresso das legislações, a escola pública de qualidade deve aprender a lidar com as diferenças e desenvolver estratégias que levem as crianças a desejar ali permanecer. No relato acima, mais uma vez, fica evidenciado como os projetos podem articular os conteúdos tradicionais da escola com temáticas novas, da vida cotidiana das pessoas, promovendo uma aprendizagem mais significativa para as crianças.

Os temas escolhidos para os projetos (culinária e futebol) eram de real interesse daquelas crianças, e isso fez que se envolvessem efetivamente em sua realização. A partir do relato da professora Elaine, fica a impressão da energia que aqueles alunos e alunas empregaram no trabalho, de sua disposição em organizar algo em benefício de toda a escola, envolver seus familiares, estreitar as relações com as crianças das outras classes. Foi muito bonito ver como fizeram os convites, organizaram a exposição, se dispuseram a explicá-la aos outros colegas. Ao mesmo tempo, apesar de o tema ser relacionado a competições, não apareceu como significativa a disputa para ver quem era o melhor ou a melhor turma. O foco ficou na melhoria das relações interpessoais, o que dá um sentido diferente para as atividades desportivas dentro da escola.

No meio dessas aulas, foram trabalhados a ética e valores como solidariedade, amizade e confraternização entre alunos e alunas, a construção de regras coletivamente, assim como o respeito à diversidade de gênero. Este, aliás, foi um dos temas mais significativos, pois ao trabalhar com o futebol a professora teve a oportunidade de introduzir o tema de gênero, tão importante para o trabalho com a sexualidade e para a democratização efetiva da sociedade.

Tudo isso, mais uma vez, sem abrir mão dos conteúdos clássicos da escola. A escrita era uma preocupação central, expressa nas cartas, nas receitas e nos jornais. Isso é muito diferente de colocar as crianças para escrever em cartilhas ou sobre textos e ditados previamente definidos pelas professoras. Esse tipo de escrita faz sentido para a criança e desperta seu desejo de ler e escrever.

Um detalhe que me chamou a atenção foi quando a professora introduziu o *jornal da competição*. Ele não surgiu de planejamentos prévios da docente daquela turma, mas a partir do desejo daquele grupo de compartilhar sua experiência e os fatos que vinham ocorrendo durante o campeonato. Ao invés de rechaçar a iniciativa, a professora a incentivou e aproveitou a oportunidade para trabalhar a escrita. Isso demonstra sua abertura aos fatos casuais, incertos, que permeiam as relações humanas e devem ser compreendidos como possibilidade de enriquecimento da experiência, como nos alertou Edgar Morin. Isso faz que os projetos de trabalhos sejam vivos e também mais significativos.

No caso da matemática surge algo de novo, coerente com o que discutimos anteriormente. Em geral, quando se fala de trabalhar a matemática em projetos transversais e interdisciplinares, o que aparece é a confecção de gráficos, tabelas e o trabalho com medidas. Tais conteúdos apareceram nos trabalhos citados e são também importantes, mas acreditamos que a matemática e todos os demais conteúdos escolares devem ser o *meio* para atingir a cidadania e não a *finalidade* da educação. A professora Elaine colocou seus alunos e alunas para irem aos supermercados coletar, comparar e calcular as diferenças de preços, e eles puderam compreender a função da matemática em suas vidas e aprender que esse tipo de conhecimento é fundamental na luta por seus direitos e interesses. Essa matemática passa a ter sentido para essas crianças.

Por fim, não posso deixar de comentar os relatos da professora sobre seus medos e suas mudanças. A professora Elaine teve a sensibilidade de assumir os receios que tinha por causa do estereótipo criado em torno daquela turma *problemática* e de denunciar como a pressão da escola fez que ela se fechasse e fosse "dura" e "tradicional" com a turma. Suas aulas, como disse, eram comuns e enfadonhas. Essa é a maneira com que a escola geralmente lida com esse tipo de situação.

Ela, porém, teve coragem de ousar e arriscar para mudar. Respaldada pela formação e assessoria que vinha recebendo, lentamente foi introduzindo os projetos em seu cotidiano e se abrindo para novas experiências. Seu relato é muito bonito ao assumir as mudanças que tal iniciativa gerou em suas relações com seus alunos e alunas e como isso promoveu a auto-estima deles. Ela não expressou abertamente, mas tenho certeza de que todo esse trabalho refletiu também em um maior prazer em seu trabalho e numa maior auto-estima dela, enquanto profissional da educação. Ficou evidente sua insegurança no início do trabalho e como foi se soltando e arriscando cada vez mais, a partir do retorno positivo de seus alunos e alunas. Tenho certeza de que sua auto-imagem melhorou, e isso refletiu na sua prática pedagógica.

Mais uma vez, as mudanças aqui relatadas contribuem para a democratização do ambiente escolar e para a formação de personalidades morais críticas e autônomas.

Passemos, agora, ao relato de duas professoras que aproveitaram a extensa obra de Monteiro Lobato para desenvolver um projeto muito interessante que perpassou a história, a cultura, a língua, a geografia, as artes, os sentimentos e a ética. Esses projetos duraram quatro meses e também são significativos das mudanças experienciadas pelas professoras da escola com que trabalhamos.

Conhecendo o Brasil por Monteiro Lobato

Beatriz Nóbrega da Silva
Adriana Cristina de Morais

Este projeto foi desenvolvido junto a uma turma de 2ª série e outra multisseriada de 1ª e 2ª séries do Ensino Fundamental, e seu objetivo foi apresentar às crianças as regiões brasileiras, além de buscar despertar nos alunos e alunas a curiosidade e o hábito pela leitura, através do estudo que fizemos sobre a vida e a obra de Monteiro Lobato. Gostaríamos de salientar que, no momento em que iniciamos o trabalho, o programa televisivo "Sítio do Pica-Pau Amarelo" ainda não estava sendo reexibido pela Rede Globo. A seguir, apresentamos uma breve descrição das diversas atividades que fizeram parte desse projeto.

- *Em um primeiro momento, começamos a ler para as crianças trechos de livros e histórias de Monteiro Lobato, procurando apresentar a elas os personagens do "Sítio do Pica-Pau Amarelo". Isso deixou os alunos e as alunas bastante curiosos, querendo saber mais sobre as histórias, sobre os personagens e o autor dos textos. Levamos à turma alguns desenhos dos personagens criados por Monteiro Lobato e os fixamos na parede da classe.*

- *Lemos para as crianças um trecho de um texto em que o autor descreve a Narizinho e, a partir desse exemplo, pedimos aos alunos e alunas que descrevessem os colegas e as pessoas da família. Em seguida, pedimos que cada um desenhasse a Narizinho e fizesse individualmente a descrição desse personagem. A turma adorou a atividade, e decidimos que a cada semana realizaríamos esse mesmo exercício com personagens diferentes.*

- *Na atividade seguinte, em grupos, os alunos e alunas tiveram que escolher e desenhar um dos personagens do Sítio, de forma que o "molde" do desenho fosse o contorno do corpo de uma das crianças do grupo. Nessa atividade, as crianças que optaram por desenhar o Saci ficaram por alguns momentos buscando uma alternativa para contornar um corpo que tivesse uma perna só. Depois de um pouco de conversa, discussão de várias idéias e colaboração dos outros grupos, as crianças decidiram contornar o corpo de uma das alunas com a perna dobrada para trás. O resultado foi ótimo, e as crianças se divertiram bastante!*

- *A partir desse conflito vivido pelo grupo, trabalhamos com as crianças sobre as filmagens das cenas do "Sítio do Pica-Pau Amarelo" em que aparecia o Saci. Como era feito para que o ator aparecesse com uma perna só? Conseguimos uma reportagem que contava isso. Nessa reportagem havia, também, um trecho ressaltando a importância de atores e dublês com uma perna só para a realização das filmagens. A partir desse tema, conversamos sobre pessoas deficientes físicas, o que sentem e como a sociedade precisa respeitá-las e garantir-lhes o direito ao trabalho e a uma vida digna.*

- *Levamos às crianças o vídeo "O casamento da Emília". A turma assistiu com muito entusiasmo, e em seguida as crianças escreveram um texto contando o que mais haviam gostado no filme. Lemos, para os alunos e alunas, o texto original referente ao filme e fizemos uma comparação da história escrita e filmada.*

- *Estudamos a história "Os abris", do livro* Viagem ao céu *de Monteiro Lobato. Há, nessa história, uma passagem em que o personagem Emília discrimina Tia Anastácia por ela ser negra. A partir desse episódio, discutimos um pouco o preconceito e também o respeito às diferenças entre os seres humanos.*

- *Pesquisando os personagens de Monteiro Lobato, descobrimos o Jeca Tatu, um caipira com o qual as crianças se identificaram muito. Alguns alunos e alunas disseram que freqüentemente sentem-se discriminados ao ser chamados de caipira. A partir disso, as crianças puderam refletir sobre os sentimentos das pessoas que são alvo das discriminações. Diante dessas discussões sobre preconceito e respeito às diferenças, pudemos pesquisar a formação do povo brasileiro. Assim, conversamos sobre as nossas raízes raciais, e muitas crianças descobriram que possuíam ascendentes negros na família. Puderam então ser trabahadas também a miscigenação e a valorização de cada uma das raças de nosso povo.*

- *Lemos uma das histórias do livro* O Saci, *na qual Pedrinho conversa com o Saci sobre o medo e a vida noturna na floresta. Após a leitura, cada criança pôde se colocar com relação aos seus próprios medos; e produzimos desenhos e textos sobre isso. Dessa atividade surgiu a idéia de pesquisarmos um pouco as lendas do bairro, e foi muito interessante a pesquisa que fizeram com seus familiares sobre tais lendas e como eram transmitidas.*

- *As crianças demonstraram muita curiosidade sobre como haviam sido feitos a Emília e o Visconde de Sabugosa. Assim, foi proposto ao grupo que confeccionássemos os bonecos em classe. Os alunos e alunas adoraram a idéia, levaram tecido, sabugo, botões e todo o material necessário, e em seguida cada um escolheu o personagem que queria fazer. Não houve, durante esta atividade, nenhum preconceito do tipo "isso é coisa de mulher": meninos e meninas fizeram seus bonecos e bonecas sem o menor problema! A atividade foi tão envolvente que até mesmo os pais participaram: algumas crianças contaram que depois, em casa, fizeram com o pai ou a mãe a boneca da Emília.*

- *Estudamos um texto com a biografia de Monteiro Lobato e fizemos um jogo de perguntas, em que as crianças tinham que responder a questões sobre a vida do autor a partir das informações do texto.*

- *Trabalhamos, então, a linha do tempo, a partir das informações sobre a vida de Monteiro Lobato. Em seguida, cada criança fez a sua própria, buscando fatos e fotos sobre suas vidas e as de suas famílias.*

- *Apresentamos às crianças uma história em que a turma do Sítio do Pica-Pau Amarelo queria conhecer o Brasil e usou o pó de pirlimpimpim para partir em um navio, que percorreu todo o país. Começamos então a trabalhar as regiões brasileiras.*

- *Fomos, inicialmente, até a região Sudeste, em Taubaté – SP, cidade onde nasceu Monteiro Lobato. Estudamos um pouco sobre a cidade, o estado, a região toda: descobrimos as principais atividades econômicas, o desenvolvimento da indústria, os costumes, o folclore.*

- *Em seguida, fomos passando por todas as regiões, trabalhando suas características: um pouco da história, as comidas típicas, a economia, a população. Cada região foi trabalhada de maneira diferente: falamos sobre as poesias de cordel da região Nordeste, as histórias e lendas da região Norte, pesquisamos os costumes da região Sul, procuramos fotos e reportagens sobre a região Sudeste.*

- *Em nosso estudo, a região Centro-Oeste mereceu um destaque especial, por causa do Distrito Federal. Discutindo um pouco a respeito do governo de nosso país, solicitamos às crianças que escrevessem individualmente uma carta ao presidente da República reivindicando algo que gostariam que acontecesse. Mas seria necessário que, na carta, dissessem também de que forma esse pedido poderia ser atendido. Com essa atividade, as crianças puderam refletir sobre seus problemas e os problemas da comunidade e do país, buscando alternativas para a resolução dessas questões. Imaginei que muitas das crianças fossem fazer pedidos pessoais, mas não foi o caso: várias das reivindicações diziam respeito à falta de empregos; ou pediam que o governo olhasse mais pelos pobres do Brasil. Outras crianças pediram por melhorias na infra-estrutura da cidade, sugerindo que o presidente fosse tomar um café da manhã com o prefeito para resolverem esses casos.*

- *Para encerrar o nosso projeto, fizemos uma visita ao museu Monteiro Lobato, situado na casa onde morou o autor e seu avô, Visconde de Tremembé. Lá, as crianças encontraram os personagens, reviveram as histórias estudadas em classe, assistiram a uma peça de teatro e se divertiram bastante. A excursão foi um sucesso, e todos se mostraram muito entusiasmados com a visita.*

Pudemos perceber que, ao longo desse projeto, as crianças puderam aprender de maneira lúdica e agradável, fazendo atividades interessantes e, ao mesmo tempo, trabalhando com os conteúdos escolares.

Podemos dizer, também, que todos aprenderam à sua maneira, dentro das possibilidades de cada um, através de um processo prazeroso no qual a participação das crianças nas discussões coletivas e na realização das atividades foi fundamental.

Uma vez mais, o trabalho apresentado pelas professoras Beatriz e Adriana ressalta como conseguiram implementar em suas práticas de sala de aula os princípios do projeto que estávamos desenvolvendo naquela escola. É um relato bastante rico, que demonstra como os tempos e os espaços escolares podem ser transformados no dia-a-dia. Digo isso porque tais projetos não foram desenvolvidos somente no espaço físico da sala de aula, sendo trabalhados na casa dos alunos e também em uma excursão que fizeram ao museu Monteiro Lobato. É uma demonstração de como os conhecimentos podem ser trabalhados em espaços diversos e de como isso pode enriquecer a prática pedagógica. Ao mesmo tempo, o projeto ocorreu em período de tempo mais extenso (quase quatro meses), e os conteúdos objetivados foram sendo trabalhados no transcorrer de vários meses, sem aquela "neurose" da semana, do mês ou do bimestre.

Creio, porém, que vale a pena voltar à discussão sobre a não-fragmentação do conhecimento. Partindo de uma temática da cultura brasileira e de um autor que encanta as crianças, as atividades descritas demonstram como os conteúdos tradicionais e os transversais foram sendo integrados ou, mais do que isso, foram se imbricando nas próprias aulas. Durante o projeto não se esqueceram os conteúdos tradicionais daquelas séries escolares, e por isso o exercício da escrita e do desenho foram constantes, mas se trabalhou a formação racial do povo brasileiro; a história de cada um e da cultura foi resgatada por meio das lendas, da linha do tempo, do estudo sobre a vida de Monteiro Lobato e seu papel na literatura nacional; a geografia, os costumes e as tradições das diversas regiões que compõem nosso país foram trabalhados de forma sistematizada mas, ao mesmo tempo, de uma maneira mágica (o pó de pirlimpimpim), que tanto encanta as crianças. Enfim, esses alunos não deixaram de se apropriar dos conhecimentos de nossa cultura, mas a cultura deles e do seu universo cotidiano também não foi esquecida ou subvalorizada.

Mais importante, uma vez mais, foi como essas professoras conseguiram exercer seu papel político e social de atuar na formação para a cidadania de seus alunos e alunas. Foi rico ver como durante suas aulas aproveitaram a prática de descrição de personagens para pedir aos estudantes que descrevessem também seus colegas, auxiliando na tomada de consciência de si mesmo e das demais pessoas com quem convivemos no dia-a-dia. Outra postura que chamou a atenção, presente em todos os livros construtivistas mas geralmente esquecida nas práticas pedagógicas, foi como empregaram os princípios da *resolução de conflitos* para encaminhar algumas das atividades em sala de aula. Assim, um simples dilema, como o de fazer o desenho do corpo de uma pessoa que não possui uma perna, foi aproveitado para reflexão com objetivos cognitivos mas, também, com o objetivo de discutir a vida de pessoas com essa deficiência, seus sentimentos e o papel da sociedade com relação a eles e a elas. O mesmo princípio esteve presente na discussão sobre os problemas políticos e da comunidade. Ao serem solicitados a escrever uma carta ao presidente da República, não deveriam apenas se limitar ao papel reivindicativo e de tomada de consciência da realidade. Deveriam, além disso, trabalhar e buscar formas para a resolução dos problemas apontados, assumindo uma postura ativa, essencial para a construção da cidadania.

Os dados acima já trazem idéias de como os valores estavam sendo trabalhados no dia-a-dia dessa sala de aula, mas as professoras Beatriz e Adriana foram muito além e provocaram situações em que poderiam trabalhar determinados valores morais, sempre a partir das histórias de Monteiro Lobato e permeando o desenvolvimento dos conteúdos tradicionais. Assim, discutiram o papel dos deficientes físicos; a discriminação racial na história de Tia Anastácia e Emília; a discriminação cultural dos que vivem de maneira diferente, introduzido com o tema dos *caipiras*. Além disso, a temática de gênero foi abordada quando se confeccionaram bonecas e bonecos; e o papel dos sentimentos na tomada de consciência de si mesmo — e os medos que temos — foi muito bem trabalhado por meio das histórias e lendas cotidianas e trazidas pela cultura cotidiana.

Dessas últimas práticas relatadas, quero chamar a atenção para o papel da intencionalidade docente. Ou seja, o trabalho com valores e sentimentos não aconteceu por casualidade, a partir de "ganchos", *insights* que os professores tiveram no meio de suas aulas. Eles foram intencionalmente preparados para ocorrer, enunciando a consciência clara das professoras quanto a seu papel na formação e instrução das futuras gerações. Isso não quer dizer, porém, que tudo já estava previamente preparado, previsto. O trabalho foi sendo construído no dia-a-dia, na troca de experiências entre as professoras e também com os estudantes, por meio de estratégias que pressupunham o diálogo e o respeito na elaboração das atividades.

Seguindo nessa direção de reforçar o papel da intencionalidade docente no trabalho sobre valores na escola, quero apresentar outro trabalho, mais específico e de características diferentes, desenvolvido a partir da sensibilidade de uma professora para uma questão ética essencial que a incomodava e havia se tornado natural nas relações de sua turma. Traremos o relato de como o tema do preconceito e da discriminação racial foi abordado por uma professora dessa mesma escola, em um projeto que durou um ano.

Preconceito Racial

Paula Cândido Soares

Em 1999, comecei a lecionar em uma sala multisseriada de primeira e segunda séries. Em pouco tempo, percebi que a figura do negro era sempre colocada pelas crianças de forma pejorativa: nas brincadeiras, por exemplo, o castigo do perdedor era "casar com um preto ou preta". Isso foi chamando a minha atenção e me incomodando muito. Ao longo daquele ano, entretanto, passei a refletir sobre os objetivos da educação e o meu papel enquanto professora. Percebi que, em sala de aula, o professor não pode agir com neutralidade diante de situações de preconceito e discriminação; é preciso que ele proporcione momentos que levem os alunos à reflexão sobre as diversas realidades que acontecem a nossa volta.

Percebi que, diante das situações de discriminação, eu, como professora, deveria tomar uma atitude. Foi quando tive a idéia de desenvolver, junto de meus alunos e alunas, um projeto que enfatizasse o preconceito contra o negro e levasse as crianças a refletir sobre isso.

O projeto foi pensado a longo prazo, com duração prevista para todo o ano escolar, em atividades paralelas que ocorriam todo mês. Assim, uma ou duas vezes durante cada mês eu promovia uma atividade específica com a turma abordando temáticas relacionadas ao preconceito racial, com o objetivo de levá-las a refletir e tomar consciência de seu preconceito racial e outros tipos de preconceito.

As primeiras atividades me deixaram bastante desanimada. Os alunos deixavam transparecer o grande preconceito que sentiam com relação ao negro, e cheguei a pensar que meu trabalho não traria qualquer resultado positivo. Com o transcorrer do projeto, no entanto, o quadro foi se alterando, como veremos a partir de cada uma das atividades desenvolvidas:

- *Pedi às crianças que respondessem, por escrito, às seguintes questões: 1) Se tivéssemos uma criança para entrar na escola, como você gostaria que ela fosse? Por quê?; 2) Que tipo de pessoa você não gostaria que entrasse no seu grupo?; 3) Quando você conhece uma pessoa, qual a primeira coisa que você observa?*

Nessa atividade inicial, pude perceber que as respostas das crianças eram essencialmente baseadas nas características físicas dos indivíduos. Para a primeira questão, por exemplo, alguns dos alunos e alunas responderam que gostariam que a criança que entrasse na escola fosse "branca e de olhos azuis". Com relação à segunda pergunta, "preta" foi o tipo de pessoa que uma das crianças disse não desejar em seu grupo, "porque ela é feia". Já na terceira questão, um dos alunos escreveu: "Eu observo o cabelo dela para ver se é grande, porque eu adoro pessoas que têm o cabelo comprido e de cor loira."

- *Solicitei às crianças uma produção de texto com os seguintes temas: "Se eu fosse um negro..."; "Se eu fosse um branco..."; "Se eu fosse um índio..."*

Recorri às temáticas do branco e do índio para que a questão do negro não ficasse tão marcada no cotidiano da sala, e também para que refletissem sobre as demais etnias existentes no nosso país. No texto das crianças, pude notar muitas colocações como "Eu não queria ser preto porque pega sujeira..." ou "Eu não queria ser preto porque é feio."

- *Fizemos a dramatização de uma situação em que existia o preconceito racial:*
  "Em uma escola havia uma criança que por ser negra era discriminada por todos. Porém havia alguns colegas que a defendiam, outros que ora defendiam ora discriminavam."

Expliquei a cena aos alunos e pedi que algumas crianças representassem a situação. Durante a dramatização, ia chamando algumas crianças que estavam apenas assistindo para assumirem o papel de algum outro aluno. Meu objetivo com essa atividade foi que os alunos se colocassem no lugar do outro e percebessem como as pessoas se sentem quando são discriminadas. Ao longo da dramatização, surgiram muitas atitudes preconceituosas, e alguns alunos até mesmo se recusaram a interpretar o papel de negro.

- *Coloquei na lousa a foto de uma criança negra com a seguinte legenda:*
  "Carlos é uma criança negra. Está triste porque foi discriminado na escola e não deixaram que ele participasse do campeonato de futebol."

Oralmente, pedi aos alunos que respondessem a algumas perguntas: O que Carlos está pensando e como ele se sente sendo discriminado? Você já se encontrou em uma situação parecida? O que sentiu? Algumas crianças responderam: "Eu ia chorar por não participar do campeonato"; "Eu ficaria triste e magoado, porque negro também é gente"; "Me senti um bicho, não uma pessoa". Em seguida coloquei outra foto na lousa, com uma criança negra sorrindo, e fiz as seguintes questões: Por que ela está contente? Em uma situação parecida, o que ajudaria você a ficar contente? Por que as pessoas negras são discriminadas? Isso é correto? Estas são algumas das respostas das crianças: "Estou feliz porque me deixaram jogar bola"; "Os negros são discriminados porque nos tempos antigos eles eram escravos e agora as pessoas acham que eles são escravos".

- *Selecionei uma série de fotografias e em cada uma delas coloquei uma legenda com a conduta e os valores da pessoa da foto. Por exemplo, identifiquei a foto de uma mulher loira e de olhos azuis como uma pessoa vaidosa e arrogante, enquanto a foto de um negro representava um homem honesto e simpático. Pedi aos alunos que escolhessem, de todas as fotografias, três pessoas que gostariam que fossem seus amigos. Os alunos liam a legenda e escreviam o porquê da escolha.*

Nessa atividade, percebi que o grupo respeitou a imagem do negro, valorizando seu caráter e atitudes; para as crianças, o negro já começava a ser visto sob uma ótica diferente.

- *Disse às crianças que na semana seguinte a classe receberia um novo colega. Descrevi esse aluno como sendo um menino negro, simpático, amigo, que nunca havia estudado em uma escola rural e que gostaria de fazer novas amizades. A partir dessas características, as crianças tiveram que pensar em maneiras diferentes de receber o "Manuel" (o aluno novo) na escola e, ao mesmo tempo, dizer como gostariam que ele fosse.*

- *A última atividade foi bastante semelhante à segunda: uma produção de texto com os temas: "Se eu fosse negro...", "Se eu fosse índio..." e "Se eu fosse branco...". Repeti essa atividade porque queria analisar se a postura dos alunos havia se transformado durante todo esse processo.*

A seguir, apresento alguns relatos significativos escritos pelas crianças: "Se eu fosse negro seria um cantor, porque todos negros cantam bem"; "Antes eu tinha medo, porque eu achava que os negros matavam, mas agora eu sei que não importa a cor da pele da pessoa, tanto negro como branco podem matar."

Ao longo do desenvolvimento desse projeto, pude perceber que a cada atividade realizada havia uma surpresa: cada vez mais, o grupo passou a analisar criticamente a situação do negro, e o preconceito foi sendo amenizado.

Posso dizer, também, que o meu trabalho enquanto professora passou a ter outro significado; penso que o educador não pode simplesmente se limitar a transmitir conteúdos e posicionar-se de modo neutro diante de situações de injustiça e preconceito. Ao contrário, sua ação pedagógica pode e deve levar o aluno a repensar suas atitudes injustas, de forma que contribua com uma formação moral pautada em princípios como o respeito, a igualdade, a solidariedade.

O que chamou a atenção no relato da professora Paula foi sua postura diante de uma situação de preconceito explicitado por seus alunos e alunas. Muitos professores ignoram essa situação ou, muitas vezes, não a aproveitam para promover a formação ética de sua turma.

Diante de um quadro como o relatado, a professora decidiu que não poderia ficar passiva e procurou desenvolver atividades que pudessem provocar reflexões e mudanças nos valores de seus alunos e alunas. Além de o tema da discriminação não ser um conteúdo geralmente abordado de forma sistematizada e intencional nas escolas, ela buscou estratégias novas e criativas para o trabalho. Tais atividades, embora possam parecer simples em um primeiro momento, se compreendidas dentro de um projeto com duração de um ano e paralelamente a todo seu trabalho regular passam a ter outra dimensão.

Partindo do princípio de que as transformações ou reconstruções de valores centrais na identidade das pessoas não é um processo que ocorra de um dia para outro, a professora em questão soube esperar o tempo necessário para que seus estudantes refletissem e ressignificassem seus valores em relação aos negros. Essa espera, porém, não foi passiva, mas refletida por parte da professora, que ia com muita paciência provocando seus alunos e alunas com situações em que lhes solicitava analisar e compreender o preconceito e a discriminação por eles *naturalizada*.

Esse é um caminho interessante para os docentes interessados em promover em suas salas de aula a construção de valores relacionados à cidadania e aos direitos humanos. A experiência relatada, comprovada em resultados que foram sistematizados em uma pesquisa, mostra como os valores construídos na identidade das crianças podem ser reconstruídos durante a vida, se trabalhados a partir de conteúdos que tenham significado para elas.

Por fim, faço referência à forma com que a professora promoveu a tomada de consciência dos sentimentos, emoções e dos valores dos estudantes de sua classe, levando-os a se conhecer melhor. No relato apresentado aparece a dinâmica reflexiva e dialógica das aulas e como os sentimentos pessoais e coletivos eram sempre objeto de discussão e conscientização.

Direitos da Criança

Gláucia Cristina de Castro

No ano de 2001 realizei junto a uma turma de 1ª série um projeto que posteriormente denominamos "Direitos da Criança".

Tudo começou quando tivemos que escolher um tema para ser desenvolvido no desfile do dia 7 de setembro. A música escolhida pela escola foi "Herdeiros do futuro", que faz parte de um CD produzido por Toquinho a respeito dos direitos da criança. Com isso começamos a realizar algumas atividades sobre essa música, tais como: construção coletiva de textos, ilustrações individuais, discussões sobre conservação da natureza e o que esperar do futuro, produção de cartazes em grupo.

Percebi que, no decorrer das atividades que realizávamos, as crianças demonstravam um grande interesse e senti que com as músicas daquele CD poderíamos desenvolver um projeto bastante amplo e interessante, e que envolveria muitas das áreas do conhecimento. Dessa forma, levei essa proposta até as crianças para saber o que achavam, e elas foram bastante receptivas.

A partir de então, demos início ao projeto e começamos a trabalhar com as músicas. No CD, cada um dos dez direitos da criança é tema para uma música, de forma que, ao longo de nosso projeto, pudemos discutir, analisar e criticar diversos aspectos relacionados não apenas aos direitos das crianças, mas também à realidade de nosso país, ao respeito para com o ser humano, aos deveres de um cidadão.

- *Inicialmente, falamos sobre o tema do CD. Discutimos o significado dos direitos da criança, e apresentei à turma o enunciado de cada um deles. Para isso, utilizamos livros infantis que traziam esses direitos de uma maneira mais simplificada.*

- *Dialogando com os alunos e alunas sobre o tema de nosso projeto, perguntei às crianças se elas achavam que os direitos da criança eram ou não cumpridos por nós e pela sociedade como um todo, e por quê. A partir disso, começamos a levantar algumas idéias para que esses direitos passassem a ser respeitados.*

- *Cada música trabalhada tinha como tema um direito diferente, e com isso tivemos a oportunidade de discutir identidade, sexualidade, educação, família, sociedade, respeito ao diferente, preservação do meio ambiente, solidariedade e companheirismo. Ao todo, conseguimos trabalhar sete direitos, cada um através de uma atividade diferente: discussão, textos, cartazes, desenhos, livros infantis.*

Os resultados obtidos pelo desenvolvimento desse projeto foram bastante significativos. Pudemos vivenciar momentos riquíssimos de discussão coletiva, nos quais as crianças foram levadas a expor suas próprias idéias, ouvir a opinião do colega, refletir, criticar, questionar. Além disso, notei que muitas crianças começaram a se interessar mais pela leitura, e algumas até começaram a ler.

Através deste trabalho, pude de uma forma divertida levar até as crianças temas indispensáveis para a formação do cidadão. Ao mesmo tempo, conseguimos explorar muitos dos conteúdos preestabelecidos no planejamento da 1ª série, o que foi, desde o início, uma cobrança da escola, que não se utilizava da metodologia de projetos. Era preciso demonstrar que estávamos realizando um trabalho sério. E deu certo!

Esse curto relato traz mais uma vez o compromisso dessas professoras com a construção da cidadania. Sem entrar em maiores detalhes, a professora Gláucia aponta como empregou a temática dos direitos infantis como o eixo central de suas aulas, em torno do qual estiveram presentes temáticas tradicionais e transversais da educação. Como síntese desse trabalho, ressalto a fala da professora em seu relato: "Pudemos vivenciar momentos riquíssimos de discussão coletiva, nos quais as crianças foram levadas a expor suas próprias idéias, ouvir a opinião do colega, refletir, criticar, questionar. Além disso, notei que muitas crianças começaram a se interessar mais pela leitura, e algumas até começaram a ler".

Assim, o prazer da leitura e do diálogo foi a marca desse trabalho, que poderá refletir de maneira muito positiva na vida daquelas crianças.

Vou encerrar esses relatos apresentando uma experiência centrada na temática da agricultura e do meio ambiente, desenvolvida em uma escola rural. Esta experiência traz conhecimentos sobre como a escola pode ter uma função diferente da que geralmente a sociedade concebe.

Projeto Agricultura e Meio Ambiente

Maria Aparecida Ferreira Muniz

Este projeto partiu do pressuposto de que era necessário diluir as fronteiras entre escola e comunidade, buscando compreender a realidade local – o relacionamento da comunidade com o ambiente, seus problemas, sua história, sua cultura – e sua relação com outras realidades, para, então, trabalhar com as crianças a partir dos interesses e da história do grupo.

Trabalhando há alguns anos em uma escola rural, localizada em um assentamento de trabalhadores rurais, pude perceber algumas questões preocupantes com relação ao meio ambiente, o que vinha acarretando uma diminuição na qualidade de vida de seus membros, principalmente das crianças, muitas vezes trazendo prejuízos à saúde e à aprendizagem.

Dessas preocupações, surgiu a idéia de elaborar um projeto que tivesse como objetivo levar os alunos e as alunas a perceber a importância do meio ambiente, valorizando a terra e o trabalho agrícola, além de discutir aspectos relacionados à qualidade de vida local. A partir desses objetivos, ao longo desse projeto pudemos construir a história da comunidade, procurando aproximar mais a população local do ambiente escolar. As atividades que desenvolvemos foram as seguintes:

- *O primeiro passo foi a construção de uma horta escolar, a partir da qual pude discutir com as crianças aspectos como o preparo do solo, a semeadura, a relação entre água, solo, ar e os seres vivos. As verduras que produzimos puderam ser utilizadas, posteriormente, para o enriquecimento da merenda escolar e para doações à comunidade.*
- *Propus às crianças que confeccionássemos um herbário, e a partir dessa atividade pudemos realizar um estudo sobre as partes das plantas e suas funções.*
- *Discutimos um pouco sobre as ervas medicinais, estudando as propriedades de algumas delas, e fizemos um levantamento das espécies e das diferentes utilidades dessas plantas na comunidade. Por fim, o grupo elaborou coletivamente um livro de receitas para a utilização das ervas medicinais.*
- *No jardim da escola, realizamos estudos e observações sobre as partes das plantas. Durante essas atividades, notamos que o jardim precisava ser recuperado e resolvemos fazê-lo: as crianças trouxeram mudas de plantas que tinham em suas casas e plantaram no jardim; a comunidade ajudou na colocação de adubos orgânicos e na construção de uma proteção para as plantas.*
- *Para levar até a escola os conhecimentos dos membros da comunidade local, convidamos os pais, as mães e outros amigos para ir até a escola. Entre as atividades realizadas com a participação dessas pessoas, citamos: artesanatos com semente, produção de doces variados, polvilho, ervas medicinais e elaboração de receitas culinárias.*

- *Produzimos nossos próprios adubos orgânicos e confeccionamos uma composteira e um minhocário na área escolar.*
- *Ao longo do projeto, todas as atividades iam sendo registradas, e pude perceber um grande crescimento da turma no desenvolvimento da leitura e escrita. Estas, aos poucos, foram sendo trabalhadas e descobertas pelas crianças, que demonstravam grande interesse e entusiasmo em registrar todas as atividades que desenvolvíamos. A cada etapa do projeto, a turma produziu um material bastante rico: pesquisas, ilustrações, fotografias e textos.*
- *Realizamos algumas entrevistas com membros da comunidade, procurando pesquisar um pouco a história local e as relações estabelecidas entre seus membros. Posteriormente, essas informações nos auxiliaram na elaboração de um material contendo a história da comunidade.*
- *Ao final do projeto, pudemos organizar uma exposição com todas as atividades realizadas em nossos estudos. Foi feita uma feijoada, e convidamos a comunidade a participar do evento, conhecer a escola e os trabalhos desenvolvidos pelos alunos e alunas.*

Ao longo desse projeto, as crianças demonstraram um grande entusiasmo. O prazer em desenvolver atividades diferentes e interessantes era evidente em cada um de meus alunos e alunas.

Pudemos trabalhar conteúdos escolares integrados a aspectos como a importância do meio ambiente e da agricultura. A partir, por exemplo, da responsabilidade que tinham para com a horta escolar, as crianças foram levadas a valorizar a terra e as plantas. Ao mesmo tempo, o projeto possibilitou a troca de conhecimentos entre os membros da escola e da comunidade, através de eventos que buscaram estreitar as relações entre eles.

Diante de nosso trabalho, não apenas os conteúdos escolares tornaram-se mais significativos para as crianças, como também a história e a cultura viva da população local passaram a ser objetos de aprendizagem dos alunos e alunas. Assim, por meio desse esforço conjunto, foi possível trabalhar uma nova forma de relação dos seres humanos entre si e com o meio ambiente.

No trabalho da professora Maria Aparecida podem ser destacados principalmente dois aspectos: a forma com que a comunidade foi chamada a participar das atividades escolares; a forma com que se trabalharam os conteúdos nessa escola.

Com relação ao primeiro aspecto, muitas instituições, ao discursar sobre a importância de trazer a comunidade para dentro da escola, em geral pensam nos pais ali como mão-de-obra voluntária ou como pessoas que podem ajudar a cuidar das crianças. No caso desse trabalho, os pais e as mães (e amigos) foram até a escola com seus conhecimentos e experiência para ajudar na própria educação e formação de seus filhos. Levaram seus conhecimentos concretos sobre culinária, agricultura, medicina caseira e a história local para auxiliar na construção dos conhecimentos daquelas crianças e para a manutenção de determinados valores da cultura daquela comunidade. Dessas interações saíram o herbário, a horta, o minhocário e outras experiências que contribuíram para tornar essa escola uma parte ativa da comunidade, um prolongamento das demais instituições sociais, e não algo isolado, separado da vida daquelas pessoas.

O segundo aspecto que chamou a atenção foi a forma com que os conteúdos foram abordados nessa escola localizada dentro de um assentamento rural. Eles vinham da prática concreta daquele grupo discente ao construírem a horta, o herbário, o minhocário, ao produzirem alimentos etc. O registro de tais experiências na forma sistematizada que a escola e a sociedade exigem é que fornecia a *matéria-prima* a ser trabalhada nas aulas de matemática, língua portuguesa, história etc. É uma maneira diferente de compreender a contextualização do conhecimento no cotidiano das pessoas. Em vez de levar o conhecimento científico para o cotidiano dos estudantes, como uma forma apenas de facilitar a compreensão de tais conteúdos, a professora Maria Aparecida inverteu o processo: a partir da experiência concreta das pessoas se buscou a compreensão científica, mas dos conteúdos relacionados ao que estavam fazendo no momento.

Isso é o que, anteriormente, chamamos de *atividades práticas experienciais*. A partir da ação de semear uma horta é que se buscava compreender os elementos do solo, da semeadura, das relações entre água, solo, ar e os seres vivos; a partir da semeadura de um herbário e das plantas que ali cresciam como produto de suas ações concretas é que os alunos e as alunas aprendiam a nomear cientificamente e a compreender funcionalmente as diferentes partes das plantas.

Esta é uma maneira que faz a escola ter real significado para esses estudantes. O que aprendiam ali ajudava-os a construir as habilidades que necessitarão para enfrentar a vida naquela comunidade e a participar efetivamente das decisões que afetam suas vidas.

Chegamos ao fim da primeira parte, em que me propus discutir as mudanças que poderiam surgir a partir da implementação efetiva de projetos como os que desenvolvemos, visando à *construção de escolas democráticas*. Espero ter deixado evidenciado, por meio dos relatos de algumas professoras, como elas transformaram sua prática educacional, suas relações com os conteúdos e métodos escolares, e como promoveram a construção de valores, a auto-estima e o autoconhecimento de si mesmas e de seus alunos e alunas. Tudo isso, claro, por meio de propostas educativas que tentavam não fragmentar os conhecimentos, trabalhando os conteúdos tradicionais e transversais por meio de projetos e, principalmente, fazendo dos atos educativos momentos de prazer.

As mudanças nas relações humanas a partir das assembléias

É hora, então, de apresentar outra frente de atuação que desenvolvemos nessa escola e que buscou promover a real democratização das relações interpessoais e da gestão da escola. Estou me referindo ao espaço das *assembléias*. Mais uma vez, creio que dar voz aos próprios sujeitos dessas mudanças é um bom caminho para apresentarmos a discussão sobre como esse tipo de experiência que transforma radicalmente as relações no dia-a-dia das salas de aula e da escola pode refletir na construção da cidadania e da democracia.

Apresentaremos, a seguir, relatos de algumas professoras, de estudantes e de mães, retirados do relatório *Autonomia moral e a construção de uma escola democrática* (Araújo, U. F., 2001 b, p. 85-86). Notar-se-á que as mudanças nas relações não se limitaram à escola, entre os próprios estudantes e entre eles e as professoras. Houve reflexos até mesmo nas relações familiares, relatados por mães e professoras, e no trabalho pedagógico.

No caso da Profa. Kátia Cilene Souza, de primeira série, que começou o trabalho somente em agosto de 2000, o principal avanço refere-se ao diálogo.

No tocante ao diálogo este foi se aprimorando a cada assembléia realizada. Às vezes acontecia de um falar junto com o outro, mas aos poucos foram aprendendo a ouvir os colegas... Percebi que eles começam a entender o sentido do diálogo. Não foi fácil mudar esse tipo de atitude, mas agora já resolvem a maioria dos problemas sem falar em punições. Também falavam muito em levar para a diretoria ou chamar os pais. Hoje essa atitude mudou bastante. Raramente falam em levar para a diretoria ou chamar os pais. Isso deve-se ao fato de questioná-los sobre de quem era o problema: era da diretora? Era dos pais que estavam no trabalho? Eles refletiam e decidiam de outra forma.

Nas considerações finais de seu relatório a professora afirma que:

percebe-se, assim, que no início do projeto tínhamos um grupo de alunos que não conseguiam dialogar, não falavam de seus problemas, não paravam para ouvir a opinião dos colegas e não estavam atentos ao que acontecia em sua volta. Ao término do projeto, encontramos alunos que refletem sobre seus problemas, buscam soluções através do diálogo, têm senso de justiça, lutam pelos seus direitos e param para ouvir os colegas.

No relatório da Profa. Adriana Comin Franguelli, da segunda série:

Os alunos adoram as assembléias; a cada assembléia realizada eles me surpreendem com as atitudes. Recordo-me bem de um fato: as meninas começaram a reclamar de os meninos passarem a mão no bumbum delas; na verdade era apenas um menino, mas, como nas assembléias tratamos do assunto e não de quem cometeu o ato, o autor do ato quis falar como se nada tivesse a ver com ele. Em uma assembléia posterior, o assunto estava em pauta novamente, pois esse aluno continuava passando a mão nas meninas. Porém, dessa vez o seu comportamento em relação ao fato foi bem diferente, não abriu a boca durante toda a discussão. Após essa assembléia não tivemos mais esse problema.

Os pais também notam as mudanças de comportamento nos seus filhos. Em uma reunião a mãe da aluna Mirtes disse-me que sua filha, que tanto batia na irmã, já não batia mais, apenas conversava. Percebe-se que as mudanças de atitudes já repercutem no âmbito familiar.

No início do ano a turma não conseguia conversar, os alunos gritavam demais na sala, se agrediam fisicamente, enfim não havia respeito entre eles. Hoje, por mais que ainda existam conflitos, as crianças conseguem se entender, as agressões físicas raramente acontecem, todos colaboram entre si, se tornaram mais autônomos. Muita coisa boa passou a acontecer após a realização das assembléias.

No relatório da Profa. Joseane Félix temos maior profusão de depoimentos. Um primeiro depoimento que podemos citar é de uma mãe que freqüentava bastante a escola:

... tenho percebido que a relação das crianças está melhorando, ficam de olho nas coisas que acontecem, e sempre que alguém tem uma atitude que desagrada o grupo é rapidamente questionado pelos colegas por não cumprir o que combinaram. Quem "pisou na bola" fica com vergonha e tenta desfazer o problema, e até chamam a nossa atenção quando nós, adultos, fazemos coisas que não condizem com a nossa fala, e somos sempre questionados. Já não são mais crianças ingênuas.

Podemos incluir também o depoimento de um aluno e três alunas:

Antes, quando não tinha as assembléias na classe, tinha muita violência, eles xingavam, batiam e até ameaçavam se a gente não entregasse o nosso lanche no recreio.

"Na 3ª série F, antes das assembléias, quando as crianças tinham um probleminha como brigas, empurra-empurra, jogar água nos outros etc. iam correndo contar para a professora ou para a mãe, e a mãe ia conversar com o aluno ou com a professora, que não tinha nada com isso".

Agora nossa classe está melhorando muito, tem poucas brigas e mais respeito.

Agora, quando as crianças têm algum problema, escrevem nos cartazes, e no dia da assembléia todos podem falar e dar soluções para os problemas. Até conseguem resolver alguns, e não fica bom só pra um, fica bom pra todos.

Por fim, a opinião da própria professora:

Pude observar que as assembléias estão proporcionando aos alunos e alunas que: sintam-se integrantes de um todo e agentes de transformação do ambiente; se posicionem de maneira crítica e responsável nas situações sociais em que vivem e valorizem o diálogo sempre; apropriem-se das opiniões dos seus semelhantes e desenvolvam as atitudes de solidariedade e cooperação tão em falta atualmente; compreendam até onde vai sua liberdade, saibam exigir seus direitos, respeitem a liberdade e os direitos dos outros e estejam conscientes de seus deveres. É importante ressaltar que no ano letivo de 2001 não foi contemplada nenhuma situação de agressão física por parte de algum aluno da turma, e atualmente (março de 2001) não há "fofoquinhas" na sala.

Acredito que os relatos acima ilustram bem o tipo de transformações que foram acontecendo nas relações entre os membros dessa escola a partir da implementação das *assembléias de classe*. O diálogo, a autonomia e o respeito mútuo passaram a predominar nessas classes, refletindo de maneira positiva na sua democratização. Alunos e alunas passaram a buscar mais diálogo para a resolução dos conflitos cotidianos. Assim, embora o tema da violência perpassasse o discurso das crianças, ficou evidente como foram percebendo a assembléia como uma forma de resolução de seus conflitos, alternativa às saídas violentas e agressivas.

No entanto, nessa escola também estavam acontecendo os outros tipos de *assembléias escolares*: a *assembléia docente* e a *assembléia de escola*. No final de 2000 decidimos aplicar um questionário perguntando sobre a percepção dos professores e professoras de como o trabalho desenvolvido naquele ano havia refletido em suas relações com os estudantes, com os colegas e com a direção. Tais questionários foram respondidos anonimamente, pois queríamos que tivessem maior liberdade de expressar suas idéias e sentimentos.

Dos cinqüenta docentes que responderam ao questionário, 41 (82%) afirmaram que houve mudanças positivas nas relações entre professores, direção e funcionários. Quando perguntados sobre possíveis mudanças em suas relações com seus alunos e alunas, o mesmo percentual de docentes, 82%, respondeu que aconteceram mudanças positivas. Tais mudanças centraram-se em maior diálogo e abertura às diferenças. Vejamos alguns dos depoimentos encontrados nos protocolos da investigação. Em primeiro lugar, com relação às relações entre professores, direção e funcionários:

Muito bom, houve uma integração de amizade, solidariedade e principalmente respeito, mesmo nos momentos em que algumas opiniões eram contrárias.

Nessas relações houve mais união, pois existe muita troca de idéias e ajuda. A direção está mais perto dos professores, ajudando e colaborando para a realização de tudo o que se faz na escola.

A equipe ficou mais forte, percebemos que a "união faz a força", quando precisamos lutar para alcançar algo nos unimos e brigamos pelo que é realmente democrático.

Ocorreu uma aproximação entre professores, um atrativo para troca de experiências, poucos professores se fecharam, esconderam seus trabalhos, existindo muito respeito na relação.

O projeto aproximou mais as pessoas dessa escola. Hoje somos um grande grupo, com liberdade de realizar, participar, questionar e nos ajudar.

Hoje me sinto mais à vontade para me relacionar com professores, direção e funcionários. Antes eu quase sempre ficava calada, agora não consigo mais, quando sinto vontade falo seja o que for. Sinto também prazer em ajudar as outras professoras, quando ao procurar material para o meu projeto encontro para o projeto delas. E elas também estão sempre à disposição para me ajudar.

Em segundo lugar, nas relações com seus alunos e alunas:

Relação de maior abertura, sem medo de demonstrar que, às vezes, surgem as dúvidas.

Os alunos só percebem mudanças a partir do momento em que o professor permite que essa mudança chegue até eles, ou seja, proporciona vivências que demonstrem isso. Sinto que confiam mais em mim e no meu trabalho, ao mesmo tempo que têm a liberdade de questionar, criticar e ajudar a solucionar muitos fatos que acontecem na escola ou em outro ambiente. A relação está mais fortalecida através dessa abertura. Acredito sermos realmente um GRUPO.

A partir do momento em que paramos e escutamos os desejos, curiosidades e dificuldades dos alunos eles se aproximaram muito mais dos professores, ocorrendo uma mudança de comportamento muito boa. Através dos projetos, cujo tema era escolhido por eles, houve uma boa participação deles, ocorrendo muito mais interesse e participação. Notei que eles se sentem realizados quando expõem aquilo que sabem.

Impactos positivos: a relação com meus alunos passou a ser mais "aberta". Eles sentem-se mais à vontade para conversar comigo. O comportamento, as relações dos alunos com os outros mudou muito, passaram a respeitar a opinião, as dificuldades, tentando ajudar.

Conhecer melhor os alunos e participar dos momentos bons e ruins, podendo ajudá-los e muitas vezes sendo ajudada, fez com que nos divertíssemos, criando um clima de respeito e confiança. Foi um objetivo alcançado.

Procuro deixar mais para os alunos tomarem as decisões para resolver alguns problemas que surgem e estou aceitando mais as diferenças deles.

Os alunos hoje têm mais abertura para expor suas opiniões, tratar de diferentes assuntos. Não que antes não tinham, mas hoje para nós ficou mais fácil, e até mesmo certos tabus vieram abaixo.

Os alunos passaram a fazer parte das decisões a serem tomadas; ao surgir algum problema, o grupo decide. Porém, o professor dá a condução, ou melhor, aos poucos conduz os assuntos. Quando surgem as decisões e regras, foi o grupo que as decidiu.

Houve uma boa aproximação e mais liberdade do aluno para se aproximar do professor e expressar as suas idéias, dúvidas e anseios.

Mais amigos, companheiros, participativos da vida de cada um.

Nunca tive grandes problemas de relacionamento com meus alunos, mas agora começo a vê-los de forma diferente, aceito mais que nem todos aprendem a mesma coisa no mesmo momento.

Como já disse, a relação está mais forte, pois agora compreendemos o que eles realmente falam! Através das assessorias vimos como valorizar o pensamento dos alunos e mostrar que o que eles pensam é muito importante para o grupo. Hoje eu consigo conversar com as crianças sobre muitos assuntos que sei que não conseguiria antes porque não estava preparada nem estimulada a fazer. Essa relação é o ponto forte de todo o processo.

Como já disse, minha relação mudou muito, meus alunos estão mais participativos e críticos em relação a tudo que acontece em volta deles. E estamos trabalhando em conjunto.

Nos capítulos anteriores reforcei a idéia de que a mudança nas relações interpessoais deveriam basear-se na democracia e no respeito mútuo. Creio que as afirmações acima, de maneira explícita ou implícita, atestam que isso ocorreu na escola em que desenvolvemos o projeto, mesmo que, obviamente, não possamos falar de unanimidade. Mostram como aumentaram a democracia e a liberdade nas relações com a direção, e como também aumentou o respeito nas relações dos professores e professoras com seus alunos e alunas.

Em grande parte, essas mudanças ocorreram a partir da implementação das assembléias, tanto de classe quanto docente, que promoveram uma nova forma de resolução de conflitos e de perceber o *outro* com quem convivemos cotidianamente. É evidente que não estamos falando de uma "escola-paraíso", onde não existiriam conflitos e as pessoas se "amariam" acima de tudo. Isso não seria possível em uma instituição complexa, constituída por seres humanos diferentes entre si, com valores, idéias e sentimentos próprios. O que percebemos foi que o trabalho sistemático de assembléias, ao mesmo tempo que expunha conflitos anteriormente camuflados, apresentou uma maneira de esses problemas virem à tona e serem discutidos democraticamente entre as pessoas envolvidas. Essa é uma mudança profunda quando comparada às relações interpessoais autoritárias que predominam na maioria de nossas escolas.

Quero me referir também à *assembléia de escola*. Composta por dois representantes discentes de cada sala, quatro docentes e representantes dos funcionários, mensalmente era realizada uma assembléia para cada turno de funcionamento da escola. Gostaria de destacar, como resultado desse trabalho, alguns encaminhamentos decorrentes dessas assembléias:

1) *Mudança no horário de funcionamento da escola*: os alunos reivindicaram aumento no tempo do recreio, pois 20 minutos não eram suficientes para entrar na fila da merenda, comer, ir ao banheiro e ainda brincar um pouco. Isso os levava a voltar para a sala de aula e depois começar a sair para ir ao banheiro (queixa de docentes e funcionárias da limpeza). A solução acordada entre todos foi ampliar o tempo de recreio em 10 minutos e antecipar em 5 minutos a entrada e em 5 minutos a saída da escola.

2) *Reforma dos banheiros e cobertura da quadra*: na primeira assembléia esses assuntos foram trazidos por quase todas as classes. A reclamação era geral de que os banheiros cheiravam mal e de que a falta de cobertura da quadra prejudicava as aulas de educação física e as brincadeiras por causa do sol quente. Nesse dia tomou-se a decisão de que fariam um documento e levariam ao prefeito da cidade. Coordenado pelas professoras e direção, foi feito o documento e agendou-se uma reunião com o prefeito, que recebeu todos os representantes de classe na prefeitura. O resultado concreto foi que em julho os banheiros foram reformados e em agosto abriu-se licitação para a cobertura da quadra, que foi executada antes do final do ano letivo.

3) *Alimentação*: apareciam muitas reclamações sobre a qualidade da merenda escolar, fornecida pela prefeitura. Organizou-se uma visita dos representantes à cozinha-piloto do município, e algumas alterações no cardápio foram feitas a partir das reivindicações.

Além desses casos pontuais, como nos relatou a própria diretora da escola, houve mudanças significativas no comportamento dos alunos e alunas durante os recreios com as regras coletivas que eram criadas e repassadas a toda a comunidade escolar. Mensalmente seus cumprimentos eram avaliados e novas regras eram propostas. O mais importante foi que nessa escola as regras de convivência passaram a ser elaboradas e discutidas por todos os segmentos da comunidade, principalmente os estudantes, e essa é uma mudança significativa em relação à maioria das escolas, onde essas decisões são tomadas somente pelos adultos, cabendo às crianças apenas obedecer.

Do ponto de vista da gestão, a direção e professores passaram a ouvir mais seus alunos e alunas e a descobrir coisas que antes não imaginavam que incomodassem o grupo. O caso dos banheiros e da merenda foi significativo nesse sentido. Se antes ouviam queixas isoladas, com esse espaço tomou-se consciência de sua dimensão real.

Creio que isso demonstra outro nível em que a democratização dessa escola ocorreu. Embora a direção e a Secretaria de Educação do município não tenham perdido seu poder no encaminhamento do funcionamento da escola, os espaços decisórios foram mais democratizados com o direito a voz dado aos demais segmentos da comunidade escolar. Sem dúvida, esse foi um dos grandes avanços na construção da democracia nessa escola, visível na diminuição da violência e no aumento do prazer que os estudantes tinham em freqüentar a escola.

Concluindo essa discussão, o espaço das assembléias foi fundamental para a mudança nas relações interpessoais estabelecidas e aponta um caminho promissor para a construção da autonomia infantil e para as escolas que querem construir um projeto político-pedagógico ancorado nos pressupostos da democracia.

Auto-estima e democracia escolar

Como discutido anteriormente, a auto-estima relaciona-se ao valor, ou aos sentimentos, que cada um projeta e atribui a si mesmo. Nesse sentido, trabalhar valores de forma democrática e reflexiva, em uma escola que promova o prazer de estudar em seus alunos e alunas, e também o prazer de ensinar em seus professores e professoras, é um caminho profícuo para a construção da auto-estima e do autoconhecimento. Falo de uma escola prazerosa, que estudantes e docentes queiram freqüentar e na qual tenham prazer com o que fazem e desenvolvem diariamente. Uma escola cujos membros sintam que ela tem significado para suas vidas.

Tentamos verificar em nossa investigação como os(as) docentes percebiam essa temática. Para isso, orientamos as Profas. Cláudia Maria Sampaio Machado Cresti e Catarina Maria de Almeida na execução da pesquisa "Projetos de trabalho — O enriquecimento da própria experiência". Mensalmente, 33 docentes eram convidados a responder anonimamente a algumas questões sobre o que sentiam em relação ao trabalho que haviam desenvolvido naquele mês. Nossa intenção era analisar os sentimentos que atribuíam a si próprios e aos seus alunos e alunas.

Vejamos um gráfico que demonstra como houve mudanças na maneira com que essas professoras sentiam seu trabalho na escola:

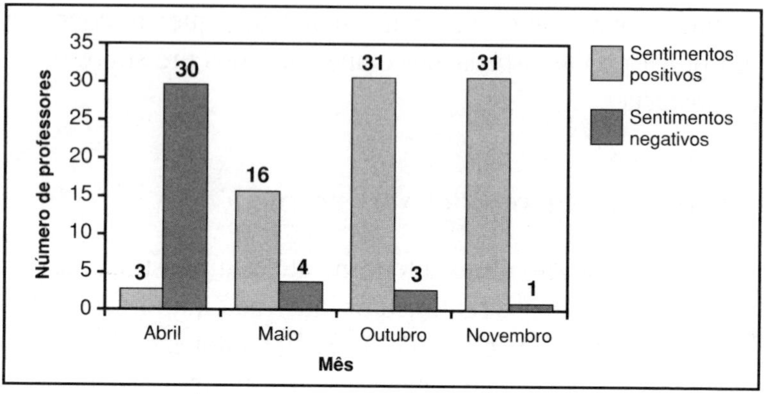

Os dados do gráfico foram organizados a partir de alguns dos sentimentos descritos pelos próprios docentes. Como sentimentos negativos foram agrupadas as respostas de *insegurança, medo* e *angústia*. Como sentimentos positivos, as respostas de *prazer, realização* e *segurança*. A referência ao sentimento de *prazer* foi feita por três docentes em abril de 2000 e por 24 em novembro do mesmo ano. Esse foi um dos dados mais significativos de nossa pesquisa, com conseqüências para todo o trabalho desenvolvido e para a reflexão sobre projetos de formação continuada em serviço de professores.

Um dos maiores problemas que enfrento ao lidar com os profissionais da educação é baixa auto-estima, refletida em sentimentos negativos que atribuem a seu trabalho. Concretamente, refiro-me ao fato de a maioria dos professores e professoras com quem venho trabalhando nos últimos anos demonstrar imensa insatisfação e desânimo com seu trabalho e profissão. Os dados acima revelam que conseguimos reverter esse quadro nessa escola. Não tenho dúvidas de que professores que sentem prazer em sua prática docente e têm consciência desse estado de ânimo estão com uma boa auto-estima.

Como conseqüência, percebemos que aumentou a cada mês o desejo dessas professoras de mudar sua prática pedagógica.

Vejamos também outro aspecto neste sentido: que sentimentos essas professoras atribuíam aos seus alunos e alunas, em relação às aulas? O próximo gráfico apresenta os resultados no decorrer do ano de 2000.

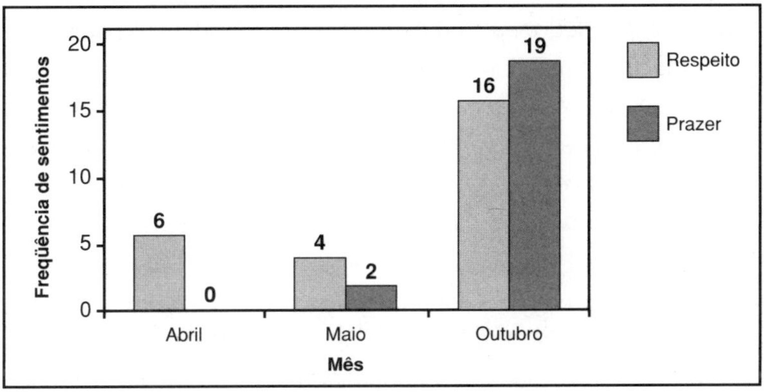

Selecionei esses dados porque me chamou atenção o fato de que nenhum docente atribuiu o sentimento de *prazer* aos seus alunos em abril, e houve 19 menções em outubro. Os docentes perceberam que as mudanças que vinham promovendo no projeto pedagógico da escola refletiam em sentimentos positivos por parte de seus alunos e alunas em relação à escola, e, não tenho dúvidas em afirmar, isso favorecia de maneira positiva as relações interpessoais e a auto-estima.

Vejamos alguns depoimentos docentes sobre essa questão:

Tanto a minha auto-estima quanto a dos meus alunos está "lá em cima", e isso favorece um melhor trabalho em sala de aula. Estamos produzindo trabalhos significativos e temos vontade de estar dentro da sala de aula.

No começo desse ano tenho que admitir que a minha auto-estima estava muito fragilizada. Eu estava muito perdida e sem confiança no meu trabalho. E isso era passado para as crianças, mesmo que eu não tivesse a intenção. No decorrer dos trabalhos fui me fortalecendo em todos os aspectos, principalmente nos encontros com o grupo em que fazia assessoria, e isso me deu mais confiança em acreditar em mim, no meu trabalho e no potencial dos meus alunos. Sendo assim, sempre houve espaço para que a auto-estima dos alunos fosse estimulada, seja por um trabalho concluído em grupo ou por uma "vitória" pessoal. As crianças passaram a falar das outras pessoas ou de seus trabalhos de uma forma que isso ajudasse a melhorar, mesmo que muitas vezes não concordassem com uma coisa ou outra. Isso foi muito importante para estarmos mais confiantes (eu e eles).

A auto-estima positiva foi seguramente o que mais apareceu no cotidiano da escola, vista a "olho nu" nos seus alunos, suas atitudes, alegrias, descontração etc. Também apareceu na "segurança" que os professores estão demonstrando quando estão na sua vida diária. Nota-se prazer em dar/ter aula.

A auto-estima melhorou muito, os alunos que se sentiam "inferiores" passaram a se sentir "capazes".

A auto-estima dos alunos se revela através dos trabalhos concretizados, em que todos participam da forma que entendem. Minha auto-estima se revela quando consigo ver a evolução do aluno em diferentes contextos. Quando meus amigos (professores) me procuram.

A minha auto-estima melhorou. Aquele medo e aquela ansiedade que tinha diminuíram bastante, e assim consigo trabalhar melhor. Acho que dos alunos, de muitos, a auto-estima melhorou.

Durante o período em que esse projeto ocorreu, não desenvolvemos atividades específicas voltadas para a auto-estima e para o autoconhecimento. Trabalhamos tais aspectos, porém, indiretamente por meio da busca do prazer na educação e na tomada de consciência dos próprios sentimentos e emoções por parte dos integrantes da comunidade escolar. Notadamente, a satisfação, o estado de ânimo positivo e o prazer relatados pelos professores e professoras com quem trabalhamos indicam que muitos construíram uma auto-imagem mais positiva de si mesmos, com reflexos evidentes em suas práticas pedagógicas e nas relações interpessoais. Entendo ser esse um caminho para que a escola seja mais significativa e, portanto, mais democrática.

Tendo apresentado os relatos de membros da comunidade escolar, que assessoramos com o objetivo de *construir uma escola democrática*, termino este capítulo na expectativa de que tais depoimentos e discussões tenham fornecido sugestões para que os profissionais da educação que comungam dos ideais da democracia e da luta pela cidadania construam uma prática coerente com tais princípios em suas instituições.

É hora, porém, de falarmos de resistência, e este será o tema do próximo capítulo.

6

Histórias sobre Resistências

"Resistir", palavra de origem latina (*resístere*) que possui muitos significados em nossa língua. De acordo com o Novo Dicionário da Língua Portuguesa, de Aurélio Buarque Holanda Ferreira (1985), resistência é: "*1) Ato ou efeito de resistir; 2) Força que se opõe a outra; que não cede a outra; 3) Força que defende um organismo de desgaste de doença, cansaço, fome etc.; 4) Aquilo que se opõe ao deslocamento de um corpo que se move; 5) Luta em defesa; defesa; 6) Fís. - Força que se opõe ao movimento de um sistema...*"

De todos esses significados podemos escolher dois sentidos clássicos que nos interessam neste momento: 1) *Força que se opõe a outra, que luta em defesa; 2) força que se opõe ao deslocamento de um corpo, que se opõe ao movimento de um sistema.*

Pensar em resistência na escola é aproximar-se desses dois sentidos que são, ao mesmo tempo, antagônicos, ambíguos e complementares. A mesma palavra pode traduzir ações que não deixam mover as coisas, que impedem o movimento, como pode significar luta, movimento. Parece uma palavra, portanto, que se aproxima das idéias de complexidade em que estivemos nos embasando durante todo este livro. Afinal, é interessante pensar como uma coisa pode ser duas ou mais ao mesmo tempo; como uma ação pode ter vários sentidos simultaneamente.

Voltando à temática deste livro, falar de mudanças na educação, no cotidiano das escolas, quando pensamos a partir dos pressupostos da complexidade, nos remete a entender em termos de *resistência* os movimentos que ali ocorrem, com todo o antagonismo que seus significados lhes conferem.

No dia-a-dia das escolas e das salas de aula encontramos a todo momento ações que buscam impedir os movimentos e ações que lutam contra a imobilidade ou contra a imposição autoritária de valores e procedimentos não-democráticos. Vemos ações elaboradas para manter a escola na estrutura que já perdura há mais de duzentos anos e ações que buscam conformá-la aos novos tempos sociais, culturais e científicos. Enfim, ações que buscam manter o *status quo* dos que detêm o poder e ações que procuram estender à participação democrática de seus membros os processos de tomada de decisão.

À primeira vista, o que acabamos de escrever pode parecer dicotômico, que as ações são *isto* ou *aquilo*, *uma* coisa ou *outra*. Não é o caso, porém, do que pensamos, pois as mesmas ações podem servir a dois interesses ao mesmo tempo. Isso depende tanto de quem realiza a ação quanto de quem recebe e/ou interage com a ação, como também de quem observa a ação e/ou interação. Estes, no caso, são seres humanos, complexos, constituídos por dimensões biofisiológicas, sociais, cognitivas e afetivas. Possuidores de um sistema próprio de crenças e valores que conferem significados às ações dependendo do momento, de seus estados afetivos e de muitas outras variáveis, eles interagem entre si e com o mundo físico e sociocultural. São perfeitamente capazes, assim, de resistir em qualquer dos sentidos apontados, e ao mesmo tempo.

A resistência que se produz no interior das escolas, portanto, também é de natureza complexa e depende de seus agentes (atores) e das inúmeras leituras que podem fazer das diversas situações do cotidiano escolar. Isso nos traz um problema, pois, visto desta maneira, corremos o risco de cair numa perspectiva relativista devido às incertezas e indeterminações que caracterizam a complexidade das relações cotidianas.

A pergunta que faço é: é possível encontrar algum ponto de referência para analisar as ações de resistência que se produzem a cada momento nas escolas, buscando romper com a idéia de um relativismo radical em que todas as ações são aceitáveis e/ou justificáveis? Em minha opinião a resposta pode estar na ética, ou melhor, na ética do observador e dos agentes que, posicionando-se em um *metaponto* de referência, analisam cada situação a partir de referenciais eticamente desejáveis para a sociedade.

Com isso, voltamos para a discussão da existência cultural de valores socialmente desejáveis, que podem servir de referência para a análise do observador e também como guia para os agentes das ações de resistência. Do que discutimos neste livro, a democracia, a justiça, os direitos humanos essenciais, a busca da cidadania por meio da participação ativa de todos os membros da sociedade nas decisões que lhes dizem respeito e a busca virtuosa da felicidade e do Bem pessoal e coletivo são exemplos de valores socialmente desejáveis que podem servir como referência para nossos juízos e nossas ações.

Ou seja, podemos entender que no âmbito das relações sociais e interpessoais que se produzem no interior das escolas existem ações de resistência que procuram impedir os movimentos de democratização e também ações que buscam promovê-la.

Apesar da compreensão, se almejamos intervir na instrução e na formação de personalidades morais que tenham os valores acima referidos como centrais em seus sistemas de valores, não podemos ter dúvidas sobre qual tipo de resistência devemos valorar positivamente: ações de resistência que lutam contra o tipo de imobilismo que impede os movimentos em direção à democratização da escola e da sociedade, na tentativa de manter o *status quo* dos que mantêm o poder, por meio da manutenção de uma estrutura conservadora de conteúdos, métodos e relações autoritárias. Contra isto cabe a resistência democrática e dialógica dos que lutam por valores socialmente desejáveis.

As resistências no interior da escola

Como indicam os relatos, depoimentos e dados apresentados no capítulo anterior, houve tentativas sérias, por parte dos professores e professoras da escola em que desenvolvemos a pesquisa, de transformar sua prática docente incorporando novos conteúdos e metodologias ao cotidiano da sala de aula, principalmente por meio da metodologia de projetos e de conteúdos em que os interesses dos estudantes eram considerados. Valores vinculados à democracia e ao respeito entre as pessoas foram incorporados de maneira mais explícita ao discurso e à prática dos membros da comunidade escolar. Houve mudanças fortes nas relações entre esses membros a partir das transformações citadas e, principalmente, das assembléias de classe que mostraram a todos dimensões pessoais e coletivas que geralmente não eram consideradas nas análises sobre o cotidiano das salas de aula. A partir dessas assembléias e das assembléias docente e de escola, foram descobertas novas formas, mais democráticas, de encaminhamento das discussões e de buscas de soluções para os problemas escolares. Tudo isso contribuiu para que essa escola se tornasse mais prazerosa para docentes e para estudantes, com nítidos reflexos em sua auto-estima e no conhecimento sobre si mesmos.

Como em toda instituição social, porém, as ações de resistência nessa escola não eram diferentes. Durante os mais de dois anos que ali trabalhamos, houve professores que se caracterizaram principalmente pelo imobilismo, ou seja, pela crença de que tudo deveria permanecer como estava. Alguns deles continuaram a dar as mesmas aulas tradicionais que antes, com cópias, ditados, memorizações, salas organizadas em fileiras, alunos que não podiam se mexer, etc. etc. etc. Resistiam a toda e qualquer mudança e acreditavam na importância do papel autoritário da escola antiga que garantia *qualidade* à educação. Na opinião geral desses docentes o aluno-problema, o aluno que não aprende, o indisciplinado não deveriam estar na escola, que deve ser apenas para os que são obedientes e aprendem o que lhes ensinam.

Enfim, suas ações tinham o movimento de manutenção de um modelo escolar e pedagógico que funcionava quando a escola era para poucos e não tinha o objetivo democrático de universalização. Suas ações de resistência, expressas no cotidiano de suas práticas docentes, nas reuniões pedagógicas, nas assembléias e nas *intrigas de corredores*, buscavam impedir os movimentos de real democratização da instituição.

Não tenho espaço aqui para citar as diversas formas concretas com que esse tipo de ação de resistência se manifestava cotidianamente, mas tenho certeza de que o leitor ou leitora deste livro as reconhece no cotidiano de suas escolas. O que gostaria de salientar é que esses profissionais sempre foram respeitados em sua opção, pois acreditávamos que nosso papel ali era apoiar e subsidiar os docentes que acreditavam e queriam construir práticas mais democráticas. Para ser coerentes, não podíamos de maneira autoritária impor nossa forma de pensar a outras pessoas. O que podíamos e devíamos tentar era a transformação da escola, despertando o *desejo* de mudança das pessoas a partir dos ideais da democracia e da cidadania. Para sermos coerentes, nossas ações baseavam-se no respeito, no diálogo e na democracia.

Não estou falando de uma *escola-paraíso*, muito pelo contrário. Foram tantos os conflitos e os desencontros, nesse processo complexo de construção coletiva, que o projeto foi sendo lentamente minado por parte considerável do grupo.

A realidade foi que, mesmo consciente dos resultados positivos do processo de democratização da escola e dos reflexos também positivos em suas práticas educacionais, a maioria dos professores e professoras pediu que o projeto não continuasse, pelo menos nos moldes em que ele se desenrolou em 1999 e 2000. Alegaram cansaço e pediram que fossem mantidas apenas algumas ações pontuais. Nada de assessorias (somente os encontros comigo e com a Profa. Valéria Amorim Arantes) e, eventualmente, algumas palestras sobre temáticas diversificadas.

Todo esse processo de resistência, que obviamente não era dissociado da sociedade externa à escola, se manifestou também quando das eleições municipais que ocorreram em outubro de 2000. A comunidade daquele município, e também a maioria dos docentes da escola, apoiou a eleição de um prefeito que apresentava em seu programa linhas opostas às que vinham sendo implementadas na gestão que nos convidara a auxiliar no processo de democratização escolar.

A nova gestão municipal e da educação, apoiada parcialmente pela direção da escola, pressionou os professores e professoras a concordar com o fim das ações de capacitação, prometendo a conversão das despesas com capacitação em aumento salarial no ano seguinte (um dos discursos correntes era de que os professores já sabiam o que fazer em sala de aula e não precisavam de capacitação continuada). Essa decisão, tomada por pouco mais da metade dos membros daquela comunidade escolar, se deu em uma *assembléia docente* e, assim, foi democrática. Veio, porém, totalmente ao encontro dos interesses da nova administração municipal.

Enfim, os processos de resistência se manifestaram explicitamente e, em seu interior, uma infinidade de variáveis que influenciaram a decisão tomada. Trata-se de material para reflexão e análise mais aprofundada que ficará para pesquisas posteriores, mas é interessante lembrar que esses docentes tiveram condições próximas das ideais para um trabalho de formação continuada, até mesmo com aumento substancial de salário para que estudassem, e eles próprios abriram mão das conquistas. Por que isso? Deixo em aberto a resposta, pela consciência que tenho da complexidade de fatores que interferem nessa discussão.

O que percebemos no processo em questão é que toda essa situação provocou uma divisão no grupo de professores. De um lado ficaram os que nunca acreditaram, ou acreditaram parcialmente, nos processos de reorganização por que a escola passou na gestão anterior. De outro lado, os que incorporaram os novos pressupostos e mantiveram o desejo firme de seguir transformando e democratizando a educação.

Infelizmente, porém, sem o apoio do poder público esse grupo que queria transformar a realidade educacional só conseguiu continuar com esse caminho "subversivamente", pois eram pressionados a empregar o modelo tradicional de escola que vem dando "certo" há séculos (embora para uma minoria de privilegiados, que exclui os *diferentes*).

O clima estabelecido em 2001, de perseguição e pressão, pode ser mais bem compreendido nas palavras de uma professora que me encaminhou um texto anônimo em uma de minhas visitas à escola naquele ano. O próprio anonimato em que a carta teve que ser entregue já é significativo da situação que estavam experienciando. Na carta estava escrito:

Neste ano de 2001 houve mudanças significativas no que diz respeito ao corpo docente e aos governantes do município. Em relação aos professores, são em maioria oriundos do sistema educacional do Estado... assim, sem qualquer noção do projeto pedagógico anterior foi impossível que entendessem o processo em que a escola havia passado nos anos de 1999 e 2000... Em relação aos governantes, houve uma troca de prefeito, sendo que o atual não acredita nas metodologias do projeto anterior, havendo, assim, uma grande pressão por parte dos dirigentes da educação sobre aqueles que decidiram continuar o trabalho. Esta pressão não é de todo explícita, pois no discurso dão ao professor a chance de escolher o caminho, a metodologia que quer seguir, desde que esteja de acordo com a proposta da escola, que não é a mesma do ano passado. O caminho que escolher, no entanto, tem que dar certo, pois, se der errado e o aluno não aprender, o professor pode até ser mandado embora... há uma pressão ainda maior por parte de colegas de trabalho, onde aqueles que querem continuar com o trabalho de democratização iniciado anteriormente são obrigados a "camuflar", se disfarçar, para que não haja punição... há uma sensação de abandono e de traição, feita pelos próprios professores e pelo povo. Mas, por ser início de governo e início de ano, há muitas esperanças por parte dos professores de continuar o trabalho com democracia e dizer "não" ao autoritarismo, numa forma de exercício de cidadania. Sofremos por saber o que está acontecendo: tudo o que construímos em dois anos ser posto no chão por um governo autoritário, que não permite sugestão, que não ouve as pessoas. Pensamos que isso era coisa do passado, mas percebemos que pode virar futuro. Por isso continuamos nosso trabalho.

O que significou esta carta, em minha opinião, foi que naquele momento iniciava-se outro modelo de resistência, do tipo que luta contra métodos autoritários e não-democráticos. Essa professora demonstrou que, apesar dos possíveis percalços e ameaças, iria seguir presa aos ideais de democracia e cidadania que havia incorporado como centrais em seu sistema de valores e iria lutar por eles mesmo que de maneira "camuflada".

Sei que esse tipo de movimento sobrevive na escola em questão até os dias de hoje, pois alguns dos relatos que apresentamos no capítulo anterior são de trabalhos desenvolvidos nessa escola em 2001. Assim, são relatos de mudanças e também de resistências por parte de professoras que incorporaram os valores da democracia e da cidadania em sua prática pedagógica cotidiana. O movimento de suas ações é de resistir contra o imobilismo e o autoritarismo.

É nesse sentido que entendemos a discussão sobre resistências no difícil e complexo processo de democratização das escolas e da sociedade. Enfim, seguimos no campo da complexidade, e não há explicações simplistas para esse fenômeno. A certeza que fica é a de que novos estudos precisam ser elaborados nessa área. É preciso compreender, a partir do paradigma da complexidade, as ambigüidades da natureza humana. Como proceder para, em um processo histórico, vencer as barreiras culturais que impedem a real democratização de nossa educação.

Falamos, anteriormente, que a educação para a cidadania pressupunha a formação e a instrução das pessoas para a participação motivada e competente na vida política e pública da sociedade. Ao mesmo tempo, entendíamos que essa formação deveria visar ao desenvolvimento de competências para lidar com a diversidade e o conflito de idéias, com as influências da cultura e com os sentimentos e emoções presentes nas relações do sujeito consigo mesmo e com o mundo à sua volta. Por um lado, entendo que um caminho para esse objetivo está na busca de melhores maneiras de sensibilizar eticamente os professores e professoras para a importância de construção de uma escola pública democrática, justa, não-discriminatória, que garanta qualidade para todos os alunos e alunas. Por outro lado, está o objetivo de auxiliar na construção de personalidades morais autônomas, críticas e virtuosas. Tudo isso passa pela construção coletiva de um modelo de educação verdadeiramente democrático.

Bibliografia

ARAÚJO, Ulisses F. (1993). *Um estudo da relação entre o "ambiente cooperativo" e o julgamento moral na criança*. Dissertação de Mestrado, Campinas, FE/Unicamp.

_________ (1996). O ambiente escolar e o desenvolvimento do juízo moral infantil. In: MACEDO, L. *et al*. *Cinco Estudos de educação moral*. São Paulo: Casa do Psicólogo.

_________ (1999 a). *Conto de escola:* a vergonha como um regulador moral. São Paulo: Moderna e Editora da Unicamp.

_________ (1999 b). Respeito e autoridade na escola. In: AQUINO, J. (org). *Autoridade e autonomia na escola:* alternativas teóricas e práticas. São Paulo: Summus.

_________ (2001 a). O ambiente escolar cooperativo e a construção do juízo moral infantil: sete anos de estudo longitudinal. *Revista Online Biblioteca Prof. Joel Martins*, SP, vol. 2, n. 2, p. 1-12.

_________ (2001 b). *Autonomia moral e a construção de uma escola democrática*. Relatório de pesquisa. São Paulo: Fapesp.

ARAÚJO, U. F. & AQUINO, J. G. (2001). *Os direitos humanos na sala de aula:* a ética como tema transversal. São Paulo: Moderna.

ARAÚJO, V. A. A. (2001). Cognição, afetividade e moralidade. Revista *Educação e Pesquisa*, vol. 26, n. 2, p. 137-156.

BOBBIO, N. (1986). *Teorias das formas de governo*. Brasília: UNB.

BOVET, Pierre (1925). *Le sentiment religieux et la psychologie de l'enfant*. Neuchatel: Delachaux & Niestlé.

BUSQUETS, M. D. *et al* (1997). *Temas transversais em educação*. São Paulo: Ática.

CARRACEDO, J. R. (1996). *Educación moral, postmodernidad y democracia*. Madrid: Editorial Trotta.

CHAUÍ, M. (1989). *Cultura e democracia*. São Paulo: Cortez.

DALLARI, D. A. (1998). *Direitos humanos e cidadania*. São Paulo: Moderna.

DE LA TAILLE, Y. (1998). *Limites:* três dimensões educacionais. São Paulo: Ática.

ETXEBERRIA, X. (1997). *Etica de la diferencia:* en el marco de la antropología cultural. Bilbao: Universidad de Deusto.

FERREIRA, Aurélio B. H. (1985). *Novo Dicionário da Língua Portuguesa*. Rio de Janeiro: Nova Fronteira.

FOCAULT, M. (1977). *Vigiar e punir*. Petrópolis: Vozes.

FREIRE, J. B. (1989). *Educação de corpo inteiro*. São Paulo: Scipione.

HARKOT-DE-LA-TAILLE, E. (1999). *Ensaio semiótico sobre a vergonha*. São Paulo: Humanitas.

LUDKE, M. & ANDRÉ, Marli (1986). *Pesquisa em educação:* abordagens qualitativas. São Paulo: E.P.U.

MACHADO, N. (1997). *Cidadania e educação*. São Paulo: Escrituras.

________ (2000). *Educação:* projetos e valores. São Paulo: Escrituras.

MORENO, Montserrat (1997). Temas transversais: um ensino voltado para o futuro. In: BUSQUETS, M. D. *et al*. *Temas transversais em educação*. São Paulo: Ática.

MORIN, Edgar (1997). *Introducción al pensamiento complejo*. Barcelona: Gedisa.

________ (2000). *Os sete saberes necessários à educação do futuro*. São Paulo: Cortez; DF: UNESCO.

NAJMANOVICH, D. (2001). *O sujeito encarnado*: questões para pesquisa no/do cotidiano. Rio de Janeiro: D, P & A.

PIAGET, J. (1932). *O juízo moral na criança*. São Paulo: Summus Editorial (ed. bras., 1994).

________ (1954). Intelligence and affectivity: their relationship during child development. *Annual Reviews*, Palo Alto-CA (ed. USA, 1981).

PUIG, Josep (1998 a). *A construção da personalidade moral*. São Paulo: Ática.

________ (1998 b). *Ética e valores:* métodos para um ensino transversal. São Paulo: Casa do Psicólogo.

________ (2000). *Democracia e participação escolar.* São Paulo: Moderna.

ROSENFIELD, D. (1994). *O que é democracia*. São Paulo: Brasiliense.

SANTOS, Maria Terezinha C.T. (2002). O regular da escola regular: desafios na/da construção de uma escola para todos. Tese de Doutorado, Campinas: FE/Unicamp.

SCHNITMAN, D. (org.) (1996). *Novos paradigmas, cultura e subjetividade*. Porto Alegre: Artes Médicas.

VALLES, Miguel S. (1999). *Técnicas cualitativas de investigación social, reflexión metodológica y práctica profesional*. Barcelona: Editorial Síntesis Sociologia Ltda.

Agradecimentos

Este livro é, em grande parte, resultante de um projeto de pesquisa que desenvolvi durante dois anos. Fazer essa investigação e chegar à sua publicação foi possível graças ao trabalho e ao apoio de muita gente, a quem neste momento gostaria de agradecer.

Em primeiro lugar, a todos os investigadores que participaram como assessores no projeto. O trabalho desses colegas garantiu o êxito da pesquisa. Assim, meu agradecimento especial e respeito pelo grande trabalho profissional desempenhado pela Profa. Dra. Valéria Amorim Arantes de Araújo; Profa. Ms. Miriam Sampieri Santinho; Profa. Dra. Maria Cândida Müller; Prof. Ms. José Mário Aleluia Oliveira; Profa. Dra. Cláudia Ribeiro Andrade; Profa. Ms. Susana de Oliveira Dias; Profa. Gláucia de Melo Ferreira; e Profa. Cristina Satiê de Oliveira Pátaro.

O apoio da Secretaria Municipal de Educação e da direção da escola municipal em que desenvolvemos a pesquisa foi essencial para nosso trabalho. Dessa forma, agradeço a dedicação de Olinda Khury, Claudionor Bauss e Maria Irany Palma. Sua colaboração abre caminhos para os que acreditam na democratização da educação brasileira.

Os recursos destinados ao projeto de pesquisa pela Fapesp e o apoio em equipamentos informáticos doados pela Acer do Brasil garantiram o bom andamento de nosso trabalho e o sucesso da investigação.

Por fim, o agradecimento mais do que especial aos professores e professoras, alunos e alunas e funcionárias da escola pública com quem convivemos nos dois anos que durou esta pesquisa. Eles foram sujeitos e autores da investigação. Fica o registro da amizade construída e o reconhecimento profissional pelas mudanças e resistências protagonizadas.